RÉFORMATEURS SOCIAUX

COLLECTION DE TEXTES DIRIGÉE PAR C. BOUGLÉ

CONDORCET

PAR

FERDINAND BUISSON

LIBRAIRIE FÉLIX ALCAN

CONDORCET

420

RÉFORMATEURS SOCIAUX

COLLECTION DE TEXTES

Dirigée par C. BOUGLÉ, Professeur à la Sorbonne,
directeur adjoint de l'École Normale Supérieure.

CONDORCET

PAR

FERDINAND BUISSON

PARIS
LIBRAIRIE FÉLIX ALCAN
108, BOULEVARD SAINT-GERMAIN, 108

1929

Collection publiée avec le concours du *Centre de Documentation sociale* de l'École Normale Supérieure

INTRODUCTION

Marie-Jean-Antoine-Nicolas Caritat, marquis de Condorcet, est né, le 17 septembre 1743, à Ribemont en Picardie. Il est mort à Bourg-la-Reine, le 29 mars 1794.

Il était le fils de Messire Antoine de Caritat, chevalier de Condorcet, capitaine de cavalerie, et de sa femme, née Madeleine Gaudry. Trente-cinq jours après sa naissance, son père fut tué à Neuf-Brisach.

Jusqu'à l'âge de 8 à 9 ans, il fut voué au blanc par un vœu de sa mère et élevé plutôt comme une petite fille que comme un garçon. Son oncle (frère aîné de son père), évêque à Lisieux, le plaça d'abord chez les Jésuites de Reims (où l'enfant obtint le prix de seconde, à 13 ans), plus tard, à l'âge de 15 ans, au collège de Navarre, à Paris.

Inscrit à la classe de Philosophie, il se distingua rapidement dans l'étude des mathématiques. Le jour de Pâques 1759, il soutint devant d'Alembert et deux autres savants une thèse d'analyse, qui lui valut les compliments enthousiastes de ses juges.

Rentré à Ribemont, il continua ses études mathématiques, déclara son intention de s'y consacrer et décida sa famille à renoncer pour lui à l'état militaire.

I

Il revint à Paris en 1762 et logea chez son ancien maître du Collège de Navarre, l'abbé Giraud de Kéroudou. Son oncle cessa bientôt de s'intéresser à lui. « Ce grand garçon, aux manières gauches, timide et embarrassé, qui marchait le dos voûté, mangeait ses ongles, ne disait rien ou parlait bas et vite, devait se trouver dépaysé dans les salons élégants et libres, au milieu des conteurs hardis et spirituels de son temps. » (Léon Cahen.)

Il se lia avec des hommes plus âgés que lui. Ceux-ci trouvaient chez lui, avec une culture peu commune, des convictions morales et une rare sincérité. Ainsi fut-il reçu chez d'Alembert, puis chez Helvétius, où il rencontra Turgot.

Voici un fragment d'une de ses premières lettres au grand ministre :

.... Je viens de recevoir, Monsieur, votre profession de foi, et voici la mienne. Lorsque je suis sorti du collège, je me suis mis à réfléchir sur les idées morales de la justice et de la vertu. J'ai cru observer que l'intérêt que nous avions à être justes et vertueux était fondé sur la peine que fait nécessairement éprouver à un être sensible l'idée du mal que souffre un autre sensible. Depuis ce temps, de peur que d'autres intérêts ne me rendissent méchant, j'ai cherché à conserver ce sentiment dans toute son énergie naturelle. J'ai renoncé à la chasse... et je ne me suis pas même permis de tuer les insectes, à moins qu'ils ne fassent beaucoup de mal (1) (13 décembre 1773. — I, p. 220).

Son *Essai sur le calcul intégral* (1765) fut présenté à l'Académie des Sciences. Lagrange écrivait à d'Alembert, rapporteur de la Commission : « Le *calcul intégral* de Condorcet m'a paru bien digne des éloges dont vous

---

(1) Ch. HENRY, *Correspondance inédite de Condorcet et de Turgot*, p. 148.

l'avez honoré. » Et lui-même joignit à ce mémoire (1772), un jugement plus élogieux encore. Il écrivait au jeune savant : « Conservez-moi votre précieuse amitié, que je regarde comme un des plus grands avantages que la géométrie m'ait procurés : croyez que personne au monde ne vous aime et ne vous estime plus que moi. »

Nous n'insisterons ni sur ses *Essais d'analyse* (1767-1768), ni sur les autres travaux scientifiques qui le firent entrer, à 26 ans, à l'Académie des Sciences (1769). Mentionnons ses communications aux diverses Académies étrangères dont il devint membre, son *Essai* (de 1785) *sur l'application de l'analyse à la probabilité des décisions rendues à la pluralité des voix* (reproduit, après sa mort, par le *Journal d'instruction sociale* (en 1795), sous le titre de *Tableau général de la Science qui a pour objet l'application du calcul aux sciences politiques et sociales*). C'est l'idéal d'une « mathématique sociale », à laquelle il resta fidèle, sans réussir à en faire une démonstration irrécusable.

C'est en 1773 que, nommé secrétaire perpétuel de l'Académie des Sciences, Condorcet commença la série d'*Éloges* des Académiciens : il la continua jusqu'en 1790. C'était plutôt l'histoire de la science que l'éloge des soixante et un savants (1), qu'il écrivit en ces dix-sept années, concurremment avec un grand nombre d'œuvres scientifiques et philosophiques. La dernière de ces biographies parut le 12 janvier 1791, c'est celle de M. de Fourcroy (III, 440). Mais il faut ajouter, dès 1777, le grand essai sur Michel de l'Hôpital (III, 463), qu'il écrivit pour le concours ouvert

(1) Citons les biographies de Mariotte, de Huyghens, de Fontaine, de La Condamine, des Jussieu, de Haller, de Linné, de Bernoulli, de Duhamel, de Vaucanson, d'Euler, de d'Alembert, de Cassini, de Buffon, de Franklin.

par l'Académie française. Il n'obtint pas le prix, mais fut signalé à la Sorbonne comme un esprit dangereux : le ton de cet éloge respirait l'admiration pour l'homme qui avait prouvé, au temps de Charles IX, que la première garantie de la Justice est l'honnêteté absolue de ses administrateurs. Il y joignit (quoiqu'ils n'aient jamais fait partie de l'Académie des Sciences) Pascal, Voltaire et Turgot.

Une si abondante production littéraire et l'accueil fait par le public savant à ses publications le firent entrer en 1782 à l'Académie française. Son discours de réception (21 janvier 1782), nous le montre déjà préoccupé « des avantages que l'union des Sciences morales aux Sciences physiques peut procurer à la société ».

II

Si prédominants qu'aient été, pendant les années antérieures à la Révolution, ses travaux de science pure, il serait excessif de penser qu'ils absorbaient son esprit. Le témoignage de tous ceux qui l'ont approché de près est formel : ils s'accordent à reconnaître chez « le bon Condorcet » une sensibilité naturelle qui le porte à s'intéresser aux autres et qui ira jusqu'à la passion, dès qu'il s'agira de défendre l'innocence. Tous lui reconnaissent une prédilection, rare dans les milieux qu'il fréquentait, pour les pauvres, les ignorants, les victimes de l'ancien régime, en un mot pour le peuple. Tel nous l'avons vu, écrivant à Turgot, avec une candeur touchante, tel nous le retrouvons avec une tendance qui s'accuse d'année en année, à ne pas rester spectateur des événements. Un besoin nouveau le porte à intervenir dans les affaires politiques et sociales qui vont transformer le pays.

Nous le voyons d'abord, avec une admirable modestie, inspirer à Voltaire une protestation contre le supplice épouvantable infligé au jeune chevalier de La Barre. Il s'occupe ensuite à rédiger tout un mémoire destiné sans doute à l'avocat d'un des compagnons de La Barre, M. d'Estallonde, condamné à mort par coutumace. En 1786 (VII, 141), il écrit les *Réflexions d'un citoyen non gradué sur un procès très connu* et sauve la vie à trois innocents (1).

C'est lui qui, sous le nom du Dr. Schwartz, publie les *Réflexions sur l'esclavage des nègres*. C'est lui encore qui fait paraître (juillet 1781) des pièces sur l'*État des Protestants en France*.

Ces deux années de propagande politique sont suivies d'une période de treize ans (1776-1789), que résume une phrase de son *Fragment de justification* :

(1) Il s'agit d'une affaire invraisemblable. Trois paysans avaient été condamnés à mort (avril 1785), pour voies de fait. En appel, le Parlement de Paris avait ajouté : la mort par la roue. Un Président, M. Du Paty (qui aurait pu, comme son descendant, pendant l'affaire Dreyfus, prendre le nom de « Du Paty de Clam »), se fit le défenseur des « trois roués de Chaumont ». Il adressa au Roi un long mémoire en leur faveur. L'avocat-général Seguier répliqua par un autre mémoire. L'avocat qui avait pris la défense des malheureux fut d'office rayé du tableau. C'est alors que Condorcet écrivit ses *Réflexions*, qui émurent l'opinion publique. Le 10 août 1786, le Parlement décidait (par 59 voix contre 39), que l'écrit de Dupaty serait brûlé par la main du bourreau. Dupaty se défendit par deux autres mémoires. En juillet 1787, le Roi fit annuler toute la procédure et réinscrire l'avocat. Toute l'affaire fut renvoyée au Bailliage de Rouen. Elle y fut plaidée d'abord au Bailliage ; puis, en appel, au Parlement de Rouen. Dupaty plaida pendant deux audiences pour ses protégés. Ils furent acquittés et portés en triomphe par une foule immense. Tous ces détails ont été mis au jour par Madame Renée DUNAN, dans la *Volonté* du 4 janvier 1927, sous ce titre : *Une affaire Dreyfus au XVIII* siècle*.

Persuadé, depuis longtemps, que l'espèce humaine est indéfiniment perfectible et que ce perfectionnement — suite nécessaire de l'état actuel des connaissances et des sociétés — ne peut être arrêté que par des révolutions physiques dans le globe, je regardais le soin de hâter ces progrès comme une des plus douces occupations, comme un des premiers devoirs de l'homme qui a fortifié sa raison par l'étude et par la méditation.

C'est cette conviction qui l'anime, en effet, de trente à quarante ans. Elle l'emporte sur l'amour de la science. Espérait-il avoir le temps d'y revenir ? Considérait-il comme beaucoup plus importants les services qu'il pouvait rendre à ce moment à la société française ? Avait-il assez conscience de l'action qu'il allait exercer sur elle, dans le présent et surtout dans l'avenir, pour n'hésiter pas à lui donner des directions qui, tôt ou tard, la sauveraient ? (1)

Quoi qu'il en soit, à mesure qu'approche 1789, il entre plus avant dans l'étude tout à fait pratique des questions politiques qui se posent, ou vont se poser. Il aborde tous les détails de la procédure électorale à tous les degrés. Il s'attaque à tous les abus, par une quantité de brochures, la plupart anonymes, par des écrits signés de noms divers, et surtout par des interventions réitérées dans la presse et à la tribune des diverses sociétés dont il fait partie.

On nous permettra de citer, sur ces premières années, une appréciation qui se recommande par quelques expressions venues du cœur. Elle est d'un collègue obscur de Condorcet à la Législative et à la Convention, Pierre Paganel : c'est la note juste, et Condorcet la mérite.

(1) Un correspondant anonyme du *Journal de la Haute-Garonne* porte sur lui ce jugement très juste : « Condorcet est toujours plus occupé à pousser l'opinion qu'à la suivre ».

Parmi les savants illustres qui se dévouèrent aux travaux et aux risques d'une réformation générale des mœurs et des lois, aucun ne se présente plus pur de tout intérêt, plus libre de tout préjugé, plus étranger à toutes les intrigues, plus inaccessible à toute pression, que le modeste Condorcet. Il apportait à sa patrie qu'il adorait, à l'humanité, qu'il aimait davantage encore, le caractère le plus ingénu, la raison la plus perfectionnée et un désintéressement si naturel et si peu réfléchi qu'il était moins en lui une vertu qu'une idée simple (1).

III

Condorcet ne fut pas membre de l'Assemblée Constituante.

Il avait cependant, depuis plusieurs années, montré non seulement sa sympathie, mais une rare compétence et un ensemble d'opinions réfléchies et tout à fait personnelles sur toutes les questions politiques qui touchaient à la nouvelle organisation de la société française.

Depuis 1785 (25 juillet, 18 septembre), il avait été élu membre de la Commune (de Paris), où il représentait le district de l'Abbaye Saint-Germain-des-Prés ; il y était accompagné de membres délégués par les diverses Académies. Nommé immédiatement Commissaire, pour aller à Versailles traiter avec le roi de l'alimentation de Paris, il fut nommé membre du Comité de Constitution par la Municipalité de Paris. Il y lut une adresse à l'Assemblée Constituante.

Son mariage (28 décembre 1786), avec Sophie de Grouchy,

(1) Paganel, *Essai historique de la Révolution française.*, t. II, p. 279.

ne changera rien à son plan de vie (1). Le salon de cette femme charmante, à l'Hôtel des Monnaies, où Condorcet habitait encore, était « le centre naturel de l'Europe pensante » (Michelet), ou suivant le mot d'un contemporain « le véritable foyer de la Révolution. » (Et. Dumont).

L'année 1790 nous montre Condorcet en pleine activité politique. Il publie ses *Réflexions sur les écrits contre l'Assemblée nationale*, et de nombreuses observations sur le *Pacte de famille*; sur le *Choix des ministres*, sur les conditions d'éligibilité (contre le marc d'argent), et une foule de notes et de mémoires sur les questions financières, particulièrement sur celle des assignats (2).

Il fit plus. Dès le début de cette même année 1790 (26 février), il fonda une sorte de revue politique, sous ce titre : *La Bibliothèque de l'homme public*, avec ce sous-titre :

Analyse raisonnée des principaux ouvrages français et étrangers sur la politique en général, la législation, les finances, la police, l'agriculture et le commerce en particulier et sur le droit naturel et public, par Monsieur le marquis de Condorcet, secrétaire perpétuel de l'Académie des Sciences, l'un des Quarante de l'Académie française, de la Société Royale de Londres; M. de Peysonel, ancien Consul général de France à Smyrne, et M. Le Chapelier, député de l'Assemblée Nationale et autres gens de lettres. A Paris, chez Buisson, libraire, hôtel de Coëtlosquet, rue Hautefeuille, n° 20, 1790.

----

(1) Sur ce mariage, on peut lire Antoine QUILLOIS : *La marquise de Condorcet, sa famille, son salon, ses amis (1764-1822)*, 250 pages, Ollendorff, 1897.

(2) Pour toute cette période, la thèse de M. Léon CAHEN : *Condorcet et la Révolution française*, donne de nombreux renseignements, surtout sur son rôle dans le Comité des XXIV à Paris. Voir aussi F. Alengry, *Condorcet guide de la Révolution*.

Cette collection (28 volumes en 14 tomes), ne laisse pas de doute sur l'intention de Condorcet : il veut saisir le public de la question qui, à ses yeux, a le plus grand intérêt; c'est celle de l'instruction publique. Il y consacre cinq mémoires, dont les quatre premiers parurent dans cette *Bibliothèque de l'homme public*. Qu'on n'oublie pas que ce travail arrivait devant une assemblée préoccupée des soucis d'une guerre improvisée, dans les conditions les plus aventureuses; pour la défense de la France. Il lit une première fois son rapport le 9 avril 1792, le relit le 20 avril à la Législative (le jour même de la déclaration de guerre à l'Autriche), en termine la lecture le 21 avril. On demande « un aperçu des frais que coûte le nouveau plan d'instruction publique ». Il donne, le 15 mai, une nouvelle lecture du rapport à l'Assemblée, et lit l'aperçu demandé.

Le 6 août, le Comité le charge de « solliciter avec instance la « décrétation » des bases de l'instruction publique ». Condorcet remplit cette mission le 13 août : « il obtient la promesse que le décret de l'Instruction publique serait discuté immédiatement après celui sur l'état civil du citoyen », qui devait prendre plus de temps qu'on ne pensait.

Aussi — malgré plusieurs décisions prises par l'Assemblée, malgré une pétition (13 septembre 1792) du pasteur Frossard (de Lyon), qui insistait pour que l'on ne renvoyât pas à une nouvelle assemblée le règlement d'une question capitale étudiée à fond — la Législative se sépara, le 21 septembre 1792, sans avoir terminé l'examen du grand projet de Condorcet, sans même avoir émis un vote de principe sur les idées, si neuves et si originales, qui lui avaient été soumises.

Mais, de son côté, l'auteur avait un peu perdu de vue son principal ouvrage. Assidu aux séances de la Commission d'Instruction Publique pendant la première moitié du temps qu'elle y avait consacré, il ne l'avait plus été dans la seconde. C'est qu'une autre tâche le réclamait.

IV

Plus il avançait dans la vie publique, plus il attachait d'importance aux institutions permanentes dont la République allait s'entourer. Il ne concevait pas la République sans une Constitution pour ainsi dire parfaite ou du moins se perfectionnant tous les vingt ans. Il avait donc opté pour le Comité de constitution (1). Il en fut le rapporteur. Son rapport fut présenté le 13 février 1793.

L'Assemblée avait décidé qu'elle n'en reprendrait la discussion qu'au bout de deux mois, pour laisser le temps de produire les contre-propositions. La délibération fut reprise le 17 avril.

Le long rapport de Condorcet (1), qu'il n'avait pas eu la force de lire lui-même, fut accueilli froidement. On en trouva les développements excessifs. On aborda pourtant la discussion, qui s'étendit sur près de 14 semaines. Et à la fin, malgré quelques votes, la Convention chargea un Comité, composé de six membres, de dresser une liste des questions capitales qu'il était urgent de trancher.

(1) Ce Comité se composait de Sieyès, Thomas Payne, Brissot, Pétion, Vergniaud, Gensonné, Barrère, Danton et Condorcet (Séance du jeudi 4 octobre 1792).

(1) Nous en trouvons le texte dans t. XII, p. 336-501 : c'est un document de plus de 160 pages.

Le 13 mai 1793, Condorcet, rompant un silence qui avait trop duré, demandait à la Convention de décréter que les Assemblées primaires se réuniraient de plein droit le 1er novembre, soit pour ratifier la Constitution si elle est terminée, soit pour élire une nouvelle Convention. Thuriot y opposa la question préalable, qui fut adoptée.

L'attitude de Condorcet, à ce moment, mérite d'être signalée. C'est celle d'un philosophe qui a toujours recommandé la sagesse, la modération, le sang-froid. D'abord, dans une *Adresse des Députés de l'Aisne*, puis dans un *Avis aux Français sur la nouvelle Constitution*, enfin dans la *Lettre aux citoyens français sur la nouvelle Constitution*, toute trace d'exagération est évitée, l'auteur garde le rôle qui, dit-il, a toujours été le sien : il n'est ni girondin ni montagnard, il a des amis à droite et à gauche. Ses votes le montrent fidèle à la politique d'union, qu'il était presque seul à vouloir.

Mais deux pensées paraissent avoir exercé sur son esprit une influence irrésistible.

D'une part, le coup de force, le coup d'État parlementaire par lequel la Montagne s'était emparée du pouvoir était à ses yeux plus qu'un acte coupable ; c'était le danger suprême pour la République. Il n'était jamais arrivé à se représenter la Révolution autrement qu'un progrès accompli, comme il l'a dit si souvent, par la raison au nom de la justice.

D'autre part, il avait trop pensé à tous les détails de son projet de constitution pour n'y pas voir l'idéal d'une Nation qu'il se figurait maîtresse de ses passions. Ne suffit-il pas de lire la description qu'il donne lui-même de la Constitution pour comprendre qu'on pouvait à peine espérer pour une œuvre humaine un tel degré de perfection ?

Donner à un territoire de 27.000 lieues carrées, habité par 25 millions d'individus, une Constitution qui, fondée unique ment sur les principes de la raison et de la justice, assure aux Citoyens la jouissance la plus entière de leurs droits ; combiner les parties de cette Constitution, de manière que la nécessité de l'obéissance aux Lois, de la soumission des volontés individuelles à la volonté générale laisse subsister, dans toute leur étendue, et la souveraineté du peuple, et l'égalité entre les citoyens, et l'exercice de la liberté naturelle : tel est le problème que nous avions à résoudre (XII, p. 335).

En réalité, c'était une bataille décisive qui se livrait à la Convention entre la Montagne et la Gironde. La pression menaçante des gardes nationales de la Seine fit prendre à la Convention une attitude que, sans doute, elle n'eût pas adoptée, si elle avait gardé sa liberté le 31 mai et le 2 juin : elle décréta la « consignation à domicile » des trente-deux députés girondins, qui ne reparurent plus.

Condorcet n'était pas parmi les consignés. Il avait (le 28 mai), voté contre la Gironde, qui voulait faire rapporter le décret supprimant la Commission des Douze, composée de Girondins. A la fin de mars, il est encore nommé (avec Robespierre, Vergniaud, Fabre d'Églantine, Camille Desmoulins et Cambacérès), membre du nouveau Comité de Défense générale de la Commission de Salut public. Et même le 25 mai, il est encore chargé par l'Assemblée de rédiger trois adresses (aux Corses, aux Vendéens, aux Armées).

Mais le 10 juin, Hérault de Séchelles lut, au nom du Comité de Salut public, le texte de la nouvelle constitution, qui fut adoptée, presque sans débat, le 24 juin 1793.

Condorcet, qui avait si courageusement gardé jusque-là

une réserve admirable, céda cette fois à la tentation de répondre. Sa *Lettre à la Convention nationale* pose ouvertement la question : « Quand la Convention nationale n'est pas libre, ses lois n'obligent pas les Citoyens. »

Il se déclare prêt à répondre à ses accusateurs « quand le manifeste qui a tenu les représentants assiégés ; quand le maire de Paris, qui a consenti à attenter à la souveraineté du pays, quand le commandant général dont les baïonnettes et le canon vous ont dicté un décret injuste ; quand ces lâches individus auront satisfait la Nation outragée. »

Il écrit, dans une lettre, adressée, vers le 20 juin, à tous les Français, sur la Constitution qui vient d'être bâclée.

Dans quel temps ce travail a-t-il été rédigé et accepté ? Dans un moment où la liberté des représentants du peuple avait été ouvertement outragée ; où, entourés de soldats, retenus par la force des armes dans le lieu de leurs séances, ils avaient été contraints, pour éviter un plus grand crime, d'ordonner l'arrestation de 27 de leurs collègues et où, dès lors, l'intégrité de la représentation nationale ne subsistait plus ; dans un moment où la liberté de la presse était anéantie par des censures inquisitoriales, par le pillage des imprimeries ; où le secret des lettres était violé avec une audace que jamais le despotisme n'avait connue ; où, par conséquent, il n'existait de liberté, ni au dedans, ni au dehors de l'assemblée, pour aucune des manières connues d'exprimer sa pensée et de manifester la vérité.

Mais vous n'avez pas la liberté de l'entendre : on vous a ordonné de renvoyer les lettres de vos Collègues opprimés à votre Comité de Salut public, c'est-à-dire à ce que les triumvirs ont pu trouver parmi vous d'esclaves plus dociles (1).

Cette fois, l'attaque était formelle. Un ancien moine, qui

(1) Poubelle, préfet de la Seine. *Discours* p. 301.

l'avait déjà dénoncé aux Jacobins, Chabot, somma la Convention de sévir (8 juillet 1793) (1).

V

Le Comité fit toute diligence. Un Commissaire alla chercher le coupable, 505, rue de Lille. Un autre à sa maison de campagne, à Auteuil. Guidé par deux amis de Cabanis, Condorcet s'était réfugié rue des Fossoyeurs (aujourd'hui rue Servandoni), chez une femme âgée, Mme Vernet, qui montra un courage au-dessus de tout éloge. S'attendant à être bientôt découvert, il avait commencé une *Justification*, qu'il comptait présenter aux juges chargés de l'examiner. Mme de Condorcet l'y fit renoncer, en lui parlant d'une autre œuvre, qui demandait un travail de longue haleine. C'était un sujet auquel il avait souvent pensé : le tableau des progrès de l'esprit humain. Il suivit ce conseil, et c'est ainsi que nous est parvenue l'admirable *Esquisse* des divers âges de la Civilisation (2).

(1) Nous avons deux textes de ce décret :
L'un (d'après le *Moniteur* du 10 juillet 1793, t. XVI, p. 104.) ainsi conçu :
« La Convention nationale, après avoir entendu son Comité de Sûreté générale sur les délits imputés à plusieurs de ces membres, décrète ce qui suit :
Article premier. — La Convention accuse, comme étant prévenus de conspiration contre l'unité et l'indivisibilité de la République, contre la liberté et la sûreté du peuple français, les députés dénommés ci-après : Brissot, Vergniaud, Gensonné, Dupont, Carré, Brûlard ci-devant marquis de Clary, Caritat, ci-devant marquis de Condorcet (suivent les autres noms).
L'autre (d'après la collection officielle in-4° du *Moniteur* t. XVI p. 104) reproduit le texte, mais lui donne la date du 3 octobre 1793.
(2) « Condorcet, homme deux fois illustre par la science et par les lettres ; vieux compagnon d'armes de Voltaire, de Diderot, de d'Alembert, de Turgot, et leur représentant au milieu de la Révolution opérée par leur génie ; caractère d'une irréprochable pureté ; âme si personnelle, si stoïque, sous des apparences

Citons un seul témoignage sur l'esprit qu'il porta dans sa prison chez Mme Vernet. Un jour, parlant de ceux qui l'avaient proscrit et du semblant de Constitution qu'ils opposaient à la Constitution républicaine de 1793, l'excellente et courageuse femme qui lui donnait asile lui demanda à brûle-pourpoint : « Que leur feriez-vous, si leur sort était entre vos mains ? »

Condorcet répondit sans hésiter : « Tout le bien que je pourrais ! » Et il ajouta aussitôt « avec cet air de bonté qui lui était naturel » (Sarret) :

« Assez d'autres se sont occupés à peindre ces temps malheureux. Assez d'autres, agités par des passions diverses, guidés par des motifs différents (les *Feuillants* et les *Girondins*) ont fait entendre leurs soupçons et leurs plaintes. Je ne mêlerai point ma voix à la leur. Je verrai dans la majesté de la Convention nationale des hommes nouveaux qui, sans habitude des affaires et du gouvernement, sans réputation personnelle, sans trésor, sans crédit, sans fusils, sans canons, sans poudre, ont eu le courage d'abattre la royauté sous les yeux d'une armée triomphante, ont créé des généraux, des soldats, des armées ; ont vaincu l'Europe entière et ont établi la République sur des bases inébranlables. Et dans l'histoire des maux qui ont précédé, accompagné et suivi ce spectacle unique, je n'en

timides, qui dictait jusque sous la hache du bourreau cette merveilleuse vision de l'avenir, cette immortelle *Esquisse* où respire tant de paix et de sérénité, qu'on la dirait sortie des retraites de l'éternel repos. Des sophistes ont voulu lui marchander sa gloire en chicanant sur telle ou telle affirmation hasardée. Qu'importe un détail contestable dans une œuvre écrite à la hâte, sans matériaux, par un proscrit poursuivi d'asile en asile et lorsque à chaque instant la mort frappait à sa porte ? L'ensemble n'en est pas moins d'une beauté et d'une raison supérieures. Et, à supposer qu'il n'y eut là, comme ils l'affirment, qu'un rêve de philanthropie, ne voient-ils pas que les héros seuls sont capables de faire de tels rêves à de telles heures ? » LANFREY. (*Essai sur la Révolution Française*, 280.)

prendrai que ce qui me sera nécessaire pour éclairer les peuples
qui voudront un jour marcher aussi à la liberté. »

« Voilà certes, dit M. Robinet en reportant ce souvenir
à Dyannière, le jugement enfin élevé et le plus équitable,
qui devrait être celui de tous les Français (1). »

Au bout de ce long séjour dans une retraite qu'il devait
à une femme de cœur, Condorcet, inquiet pour elle, résolut
de sortir. Le 5 Germinal an II (25 mars 1794), il quitte, avec
son ami Sarret, la rue Servandoni, se rend à la barrière de
Montrouge, fait visite à ses amis Suard qui, nous ne savons
comment, ne purent lui venir en aide.

Il se dirige alors vers Clamart. On lui demande ses
papiers, il n'en a pas. Pressé de questions, il déclare se
nommer Pierre Simon, natif de Ribemont. Faute d'un certi-
ficat de civisme, on le fait conduire au chef-lieu du district
à Bourg-la-Reine. Le lendemain matin, en pénétrant dans
la prison, le geôlier le trouva mort. On raconta qu'il avait
mis fin à ses jours, avec un poison que son ami Cabanis
lui avait donné pour être mis dans sa bague. Cette hypo-
thèse ne paraît pas avoir été accueillie par la famille (2).

VI

Dans ce petit volume, nous n'avons pas cherché à
reproduire — même en abrégé — l'œuvre de Condorcet,

(1) Dr Robinet, article *Condorcet* dans son *Dictionnaire de la Révolution.*
(2) Cependant nous trouvons dans Antoine Guillois (*Le Salon de Mme Hel-
vétia* (p. 83), la mention suivante : « Condorcet, bien qu'il fût encore en
liberté, ne se faisait plus d'illusions. Il se préparait à tout événement, comme
en témoigne ce billet de son ami Jean Debry : « A Auteuil, ce jourd'hui 30
« juin 1793 à minuit, Condorcet, proscrit par l'exécrable action du 31 mai
« dernier, avant de se dérober au poignard des assassins, a partagé avec
« moi, comme don de l'amitié qui nous unit, le poison qu'il conserve pour
« demeurer, à tout événement, seul maître de sa personne. Jean Debry. »

nous nous sommes proposé un but beaucoup plus modeste : rendre lisible, à tous et à toutes, quelques-uns des passages où il a exprimé ce qui était déjà sa doctrine à la fin du XVIIIe siècle, et ce qui est, aujourd'hui, celle de tout le monde.

Il l'a présentée comme la loi nouvelle de l'humanité. Il l'a rendue telle qu'elle lui apparaissait, claire, sympathique, facile et aimable.

Condorcet n'est pas un de ces écrivains dont le génie donne à tout ce qu'il touche un éclat éblouissant. Il procède par phrases simples, sans aucune prétention, avec une méthode qui vous fait voir les choses telles qu'elles sont. Il vous met en face d'un idéal. Il n'a pas besoin d'en exagérer la beauté : il veut que vous l'aimiez, tel qu'il vous le montre, sans aucun mysticisme, sans autre charme que celui de sa pureté incomparable.

Une partie de ces notes méritait d'être un peu plus développée que les autres.

C'est la série de morceaux où Condorcet expose ses vues sur l'éducation. Elles sont encore neuves. Il veut que tous les enfants de notre nation soient instruits de même. Il veut que les filles reçoivent de leur mère et de leurs maîtresses un enseignement qui leur rende un jour possible de représenter dans la famille, la grâce, la bonté, la compassion, la sympathie pour ceux qui souffrent, les belles inspirations de la charité. Il veut que notre pays soit, en Europe, ce que sont les États-Unis au Nouveau Monde, une image de la vie noble, heureuse et laborieuse. Ce que toutes les Églises se sont proposé pour les meilleurs de leurs membres, Condorcet croit possible de le demander pour tous les enfants et pour tous les hommes.

Une autre série, qui aurait eu droit à des développements plus étendus, est celle de l'*Esquisse des progrès de l'esprit humain.* Quel admirable tableau de la marche du progrès! Quel enchantement de voir le monde se transformer, s'idéaliser, se perfectionner ! Quelle joie de se sentir emporté par un courant qui nous mène droit au vrai bonheur ! Condorcet ne l'avait-il pas dit cent fois : « Le seul moyen de devenir plus heureux, c'est de devenir meilleurs ? » (1)

Nous réunissons ici, non pas avec tous les développements que Condorcet leur a donnés, mais avec la simplicité hardie et magistrale qu'il sut y apporter, quelques-unes des opinions qu'il a, le premier, fait admettre aux hommes de 89 et de 92. C'étaient alors d'étonnantes nouveautés. Il ne se lasse pas de les expliquer. Il les rattache toutes à la Déclaration des Droits de l'homme et du citoyen. Il y voit les bases solides de la future société française (2).

L'heure est venue de recueillir enfin ces textes et de les relire dans l'esprit même où ils furent écrits.

La Convention elle-même, après Thermidor, a rendu, maintes fois, hommage à l'homme qu'elle avait condamné. Dans la séance du 13 germinal an III, Daunou

(1) Nous ne saurions mieux résumer l'idée que se faisait Condorcet de l'éducation républicaine qu'en ces termes, empruntés à M. Vial : « La fin suprême de l'éducation, selon lui, est de rétablir les hommes, par l'affranchissement des esprits et des âmes, dans la liberté native, et de supprimer non les inégalités naturelles, chimère irréalisable, mais les inégalités sociales qui, injustes en elles-mêmes, rendent les premières plus douloureuses et insupportables, en les aggravant de tout leur poids. » M. Vial ajoute : « Condorcet a donné de ces problèmes d'éducation la véritable solution démocratique, si différente de celle de tous ses devanciers. »

(2) On ne nous dit pas le nom du fermier général, « jouissant à ce titre, de 2 à 3.000 livres de rente », qui, s'adressant à Condorcet, lui disait naïvement : « Pourquoi donc innover, Monsieur ? Est-ce que nous ne sommes pas bien ? »

propose et fait adopter, à l'unanimité, le projet de décret autorisant la Convention à acquérir trois mille exemplaires de l'ouvrage posthume de Condorcet, *Esquisse d'un tableau historique des progrès de l'esprit humain*.

Voici quelques passages de ce projet :

C'est un livre classique offert à nos écoles républicaines par un philosophe infortuné. Le perfectionnement de l'état social y est partout désigné comme le but le plus digne de l'activité de l'esprit humain. Et nos élèves, en y étudiant l'histoire des sciences et des arts, y apprendront surtout à chérir la liberté, à détester et à vaincre toutes les tyrannies.

C'est au moment où Condorcet disparut de cette assemblée qu'il commença cet ouvrage. Il cessa de vivre après l'avoir terminé...

On lira ce livre de Condorcet lorsqu'on ne saura plus que Robespierre, dans son discours du 18 floréal, insultait lâchement au malheur du philosophe trop connu par ses travaux philosophiques, trop signalé dans l'Europe par ses opinions républicaines pour n'avoir pas été désigné par les royalistes aux outrages et aux poignards de l'anarchie.

Il convient de vous faire observer, citoyens, que Condorcet a composé cet ouvrage dans un tel oubli de lui-même et de ses propres infortunes que rien n'y rappelle les circonstances désastreuses dans lesquelles il écrivait. Il n'y parle de la Révolution qu'avec enthousiasme. Et l'on voit qu'il n'a considéré sa proscription personnelle que comme un de ces malheurs particuliers presque inévitables au milieu d'un grand mouvement vers la félicité générale.

... Votre Comité d'instruction n'eût pas excédé la nature des pouvoirs que vous lui avez confiés en arrêtant l'acquisition de 3.000 exemplaires de cet ouvrage sur les fonds mis à la disposition de la Commission exécutive. Il a pensé que vous aimeriez à rendre vous-même à la mémoire d'un de vos collègues non ces éclatants hommages que la postérité seule a le droit de décerner, mais un simple et utile témoignage de votre estime et de vos regrets (1).

Nous avons réparti ces fragments en cinq groupes dont voici les titres :

I. — *Condorcet jusqu'à la fin de la Constituante* (le 30 septembre 1791).

II. — *Condorcet, auteur des cinq mémoires sur l'instruction publique* (1790).

III. — *Condorcet, membre de l'Assemblée législative* (1er octobre 1791 — 21 septembre 1792).

IV. — *Condorcet membre de la Convention nationale* (22 septembre 1792) *jusqu'à sa mort* (9 germinal 1794).

V. — *Condorcet rédigeant, dans sa retraite, l'Esquisse d'un tableau historique des progrès de l'esprit humain* (1794).

VI. — *Condorcet écrivant pour sa fille, encore en bas âge, une page de conseils paternels* (mars 1794).

N. B. — Presque tous ces textes se trouvent dans la grande édition des *Œuvres de Condorcet*, publiée par Arago et O'Connor (1847-1849). Nous donnerons, pour chacun d'eux, le *numéro du volume* et l'indication du *chiffre de la page*.

FERDINAND BUISSON.

(1) James GUILLAUME, *Procès-verbaux de la Convention nationale*, VI, p. 11. Il faut citer encore les paroles de Marie-Joseph Chénier (mars 1775) : « On n'a donc pas pu trouver de cavernes assez profondes pour soustraire aux bourreaux l'éloquence de Vergniaud et le génie de Condorcet ! », et les paroles, plus caractéristiques encore, que prononça Muraire le 15 germinal en IV (4 mars 1796). Il cite Condorcet, « *dont le nom*, dit-il, *n'est jamais prononcé dans cette enceinte sans qu'on éprouve le double sentiment et du regret de sa perte et des horreurs qu'inspire le souvenir des persécutions auxquelles il a succombé.* »

EXTRAITS

I

CONDORCET
JUSQU'A LA FIN DE LA CONSTITUANTE,
(30 septembre 1791)
1774-1791

1774

Défense des philosophes

... Quels crimes ont donc commis ces philosophes, contre qui vous voulez exciter la vengeance des rois et la haine des peuples ? — Ils détruisent, dites-vous, la morale ? — Oui, ils ont combattu la vôtre. Mais la morale qui apprend à être humain et juste, qui ordonne à l'homme puissant de regarder le faible comme son frère et non comme un instrument qu'il peut, à son gré, employer ou briser, mais la morale fondée sur la bienveillance naturelle à l'homme pour son semblable, sur l'égalité primitive de tous les hommes, quel philosophe l'a attaquée ?

Vous dénoncez les philosophes aux princes ? Est-ce parce qu'ils ont osé dire que les princes ont reçu l'autorité et qu'ils ne doivent l'employer que pour l'avantage du peuple ? Est-ce pour avoir osé leur rappeler ces droits de la nature dont aucune convention ne peut dépouiller les hommes ?

Est-ce donc être ennemi des rois que de leur faire un devoir d'être justes ? Non. Les véritables ennemis des rois sont ceux qui les trompent ; qui, les courbant sous le joug de la superstition, leur dictent des lois sanguinaires ; qui, au lieu de les exhorter à réparer les maux qu'ils ont faits, leur ordonnent de les expier par le massacre des ennemis de la foi ; ce sont ceux qui ne disent que l'autorité des rois vient de Dieu qu'afin de s'arroger le droit de les en dépouiller au nom de Dieu.

Lettre d'un théologien à l'auteur du « *Dictionnaire des trois siècles* (1).

(V. 333-334.)

1775

Réflexions sur les corvées

... On dira peut-être que les droits féodaux sont une espèce de biens plus *nobles* que d'autres.

Qu'y a-t-il de *noble* dans l'état de forcer des paysans à nous donner leur travail, quand ce travail est la vie de leurs enfants ? Il peut y avoir de la noblesse à renoncer à de pareils droits, mais non pas à les exercer.

Qu'y a-t-il de *noble* dans le droit de dépouiller les enfants

(1) Condorcet avait laissé ignorer à tous ses amis, même à Turgot et à Voltaire, qu'il en fût l'auteur. Voici sa lettre à Turgot, en juillet 1774. Citons-en la fin :

« Qu'il y a de choses à faire pour le bien public !

« Proscrire le fanatisme, et faire justice des assassins de La Barre ; assigner pour chaque crime une peine légale ; supprimer la question et les supplices barbares, trop éloignés de nos mœurs ; etc. ; ir enfin un tribunal où le particulier, insulté par un magistrat (ou qui aurait un procès avec lui), serait jugé par d'autres que par les confrères de son adversaire. C'est le défaut d'un pareil tribunal qui avait rendu les anciens parlements si insolents dans leurs capitales, et si haïs dans leurs ressorts... »

(I. 243.)

de l'héritage de leur père, lorsqu'ils n'ont pas rempli les formalités nécessaires selon les lois de votre fief ?

Trouvera-t-on très *noble* le privilège exclusif d'avoir dans un certain canton une machine à moudre le blé, à écraser les raisins ou les olives, à cuire du pain, à séparer le grain de la paille, etc. Et par quelle bizarrerie l'exploitation d'une manufacture devient-elle *ignoble*, et l'exercice d'un monopole considéré comme honorable ?

Est-il *noble* de lever un impôt sur le pain du pauvre et de lui ravir une partie d'une nourriture sociale au-dessous de ses besoins ?

— Mais ces droits conservés dans nos temps sont des monuments de la puissance de nos ancêtres.

— Hélas ! tout ce qu'ils prouvent, c'est que vos ancêtres ont été des tyrans. Tâchez plutôt de prouver qu'ils ont été vertueux. S'ils ont eu les vertus d'un siècle barbare, ayez celles d'un siècle éclairé. Ils étaient les protecteurs de leurs vassaux : soyez les bienfaiteurs des vôtres !

Conservez vos revenus : ils vous sont nécessaires pour servir la patrie, pour lui former des enfants dignes d'elle et de vous. Mais respectez tout ce qui, dans la perception de ces revenus, humilierait ou opprimerait des hommes.

Laissez la vanité de la *noblesse*, et songez à conserver la dignité de la nature humaine !

(XI. p. 66-67.)

1776

Défense des nègres

Arracher des hommes de leur pays, par la trahison et par la violence, pour les exposer en vente dans des marchés publics, comme des bêtes de somme ; s'accoutumer à ne mettre aucune différence entre eux et les animaux ; les contraindre au travail à force de coups ; les nourrir non pour qu'ils vivent, mais pour qu'ils rapportent ; les abandonner dans la vieillesse ou dans la maladie, lorsque l'on n'espère plus de regagner par le travail ce qu'il en coûtera pour les soigner ; ne leur permettre d'être pères que pour donner le jour à des enfants destinés aux mêmes misères, devenus, comme eux, la propriété de leur maître, qui peut les leur arracher et les vendre ; que pour voir leurs femmes et leurs filles exposées à toutes les insultes de ces hommes sans humanité comme sans pudeur : voilà comme nous traitons d'autres hommes.

Ce serait une horrible barbarie, si ces hommes étaient blancs, mais ils sont noirs, et cela change toutes nos idées !

(*Remarques sur les Pensées de Pascal*, à la suite de *l'Éloge de Pascal*, III, p. 647.)

... Réduire un homme à l'esclavage, l'acheter, le vendre, le retenir dans la servitude, ce sont de véritables crimes, et des crimes pires que le vol.

En effet, on dépouille l'esclave non seulement de toute propriété mobilière ou foncière, mais de la faculté d'en acquérir, mais de la propriété de son temps, de ses forces, de tout ce que la nature lui a donné pour conserver sa vie ou satisfaire à ses besoins. A ce tort, on joint celui d'enlever à l'esclave le droit de disposer de sa personne.

Ou il n'y a point de morale, ou il faut convenir de ce principe : que l'opinion ne flétrit point ce genre de crime ; que la loi du pays la tolère. Ni les prières ni la loi ne peuvent changer la nature des actions. Et cette opinion serait celle de tous les hommes ! Et le genre humain assemblé aurait, d'une voix unanime, porté cette loi que ce crime resterait toujours un crime !

(*Réflexions sur l'esclavage des nègres*), VII, p. 69. Neuchatel, 1781 ; et Paris, 1786.

1780

Observations sur le 29ᵉ livre de l'*Esprit des lois*

L'esprit d'un législateur doit être la justice, l'observation du droit naturel dans tout ce qui est proprement *loi*. Dans les règlements sur la forme des jugements ou des décisions particulières, il doit chercher la meilleure méthode de rendre ces décisions conformes à la loi et à la vérité.

Ce n'est point par esprit de modération, mais par esprit de justice que les lois criminelles doivent être observées, que les lois civiles doivent tendre à l'égalité et les lois d'administration au maintien de la liberté et de la propriété.... Par « esprit de modération », Montesquieu n'entendait-il pas cet esprit d'incertitude qui altère par cent motifs particuliers les principes invariables de la Justice ?

... Comment, dans l'*Esprit des lois*, Montesquieu n'a-t-il jamais parlé de la justice et de l'injustice des lois qu'il cite, mais seulement des motifs qu'il attribue aux lois ? Pourquoi n'a-t-il établi aucun principe pour apprendre à distinguer, parmi les lois émanées du pouvoir légitime, celles qui sont injustes et celles qui sont conformes à la justice ? Pourquoi, dans l'*Esprit des Lois*, n'est-il question nulle part du droit de propriété, de ses conséquences, de son étendue, de sa limite.... ?

(I, p. 363, 365.)

Sans date

Quels sont les moyens d'extirper la mendicité ?

Lettre de Condorcet au Secrétaire de l'Académie de Châlons :

Je suis charmé que vous ayez reçu de bonnes pièces sur la question importante que vous avez proposée.

Il y a dans cette question une partie mécanique qui mériterait d'être traitée à part et où l'on exposerait les moyens d'adapter à différents métiers des machines telles qu'un aveugle, un manchot, un homme sans mains, un homme privé de jambes, etc., pût, presque sans aucun apprentissage, gagner sa subsistance, du moins en partie.

On pourrait aussi en inventer pour faire travailler les paresseux, qui sont une espèce d'estropiés. Celle que l'on emploie dans les maisons de force de Hollande me paraît un peu cruelle : on descend le fainéant dans un bassin profond où l'eau tombait sans cesse par un tuyau, et il se voit inondé, de manière à se noyer, s'il ne tournait incessamment une manivelle pour pomper l'eau qui le gagne : on a soin de proportionner le volume de ce liquide et la durée de ce travail à ses forces, de sorte qu'on augmente tous les jours par gradation. Cet exercice lui dégourdit les membres et lui fait désirer un travail moins rebutant (*inachevé.*)

Bibl. Nationale. Imprimé in-8° R, pièce 7664.

1782

Progrès des sciences morales

... Cette union entre les sciences et les lettres — dont vous cherchez, Messieurs, à resserrer les liens — est l'un des caractères qui devaient distinguer ce siècle, où, pour la première fois, le système général des principes de nos connaissances a été développé ; où la méthode de découvrir la vérité a été réduite en art, et pour ainsi dire, en formules ; où la raison a enfin reconnu la route qu'elle doit suivre et saisi le fil qui l'empêchera de s'égarer.

... Cependant, n'est-il pas un terme où les limites naturelles de notre esprit rendraient tout progrès impossible ?

Non, Messieurs : à mesure que les lumières s'accroissent, les méthodes d'instruire se perfectionnent. L'esprit humain semble s'agrandir, et les limites se reculent. Un jeune homme, au sortir de nos écoles, réunit plus de connaissances réelles que n'ont pu en acquérir, par de longs travaux, les plus grands génies, je ne dis pas de l'Antiquité, mais même du XVIIe siècle.

Ces sciences, presque créées de nos jours — dont l'objet est l'homme même, dont le but direct est le bonheur de l'homme — n'auront pas une marche moins sûre que celle des sciences physiques. Et cette idée, si douce, que nos neveux nous surpasseront, en sagesse comme en lumière, n'est plus une illusion.

En méditant sur la nature des sciences morales, on ne peut s'empêcher de voir qu'appuyées, comme les sciences physiques, sur l'observation des faits, elles doivent suivre la même méthode, acquérir une langue également exacte et précise, atteindre au même degré de certitude...

La marche des sciences morales sera plus lente que celle des sciences physiques. Et nous ne devons point être étonnés si les principes sur lesquels elles sont établies ont besoin de forcer, pour ainsi dire, les esprits à les recevoir. L'opinion, encore incertaine, semble quelquefois retourner sur ses pas et s'attacher aux mêmes erreurs qu'elle avait abjurées. Mais les sages s'occupent à enrichir par de nouvelles découvertes le système des connaissances humaines. La voix de la raison se fait entendre aux hommes éclairés. Elle instruit les enfants dont les pères l'ont méconnue, et elle assure le bonheur de la génération qui n'existe point encore.

Discours à l'Académie française,
(Réception de Condorcet), le 21 février 1782
I, p. 390-393.)

1782

Tous les hommes forment une seule famille

Les princes, que les connaissances qu'ils ont acquises et l'état florissant des sciences dans leur empire sembleraient dispenser de recourir à des lumières étrangères, s'empressent cependant de les rechercher.

Ils mettent leur gloire à remporter dans leur pays ces trésors, les seuls qu'on puisse partager sans rien ôter à ceux qui les possèdent.

Les souverains se hâtent de détruire à la fois les barrières élevées entre les peuples par ces prétendus intérêts nationaux — fantômes créés par la cupidité et par l'ignorance — et celles que des préjugés de toute espèce mettent entre les sujets d'un même empire.

On sait enfin que tous les hommes ne forment qu'une seule famille et n'ont qu'un seul intérêt.

Le nom de l'*humanité* — de ce sentiment qui embrasse les hommes de tous les pays et de tous les âges — est dans la bouche des souverains, comme dans celle des philosophes : il semble réunir dans les mêmes vues ceux dont l'ambition est d'éclairer les hommes, et ceux dont le devoir est de veiller à leur bonheur et de défendre leurs droits...

(Discours à l'Académie des Sciences,
lorsque le Comte (depuis Paul Ier), et la Comtesse du Nord
y vinrent prendre séance le 6 juin 1782, I, p. 435.)

1787

Un citoyen des États-Unis montre aux Français ce qu'ils ont à réclamer

Le citoyen des États-Unis rappelle « le but que se sont proposé les hommes en se réunissant en société régulière, en se soumettant à des lois. C'est, dit-il, sans doute, de s'accorder par ces lois mêmes la jouissance de leurs *droits naturels* ». Il nomme ainsi : la *sûreté*, la *propriété*, et il y ajoute l'*égalité* :

L'égalité n'est pas moins un des droits naturels de l'humanité. Les hommes naissent égaux, et la société est faite pour empêcher que l'inégalité de force — la seule qui vienne de la Nature — ne produise impunément des violences injustes. Toute inégalité qui, dans l'ordre social, est établie par une loi et n'est pas la suite nécessaire du mérite réel, du droit de propriété, de l'opinion, de l'importance des fonctions sociales, est une violation de ce droit.

Comparez maintenant cette maxime de la raison et de la nature avec les prétentions de vos premiers ordres, de vos magistrats... Enfin le droit de concourir à la formation des lois est un des droits de l'homme dans l'état de société. Mais si ce droit n'est pas égal pour tous les citoyens, si un noble ou un prêtre y a plus de part qu'un propriétaire — du nombre de ceux que vous nommez *roturiers*, — alors ce droit cesse absolument d'exister. Ce que tout vrai patriote doit désirer en France, c'est l'établissement de lois qui rendent aux citoyens la sûreté, la liberté, la propriété, l'égalité, dont d'anciennes lois les ont dépouillés.

(IX, 102.)

1789

Ce que nous devons à Voltaire

C'est à Voltaire que nous devons d'avoir conçu l'histoire sur un point de vue plus vaste, plus utile que les anciens. C'est dans ses écrits qu'elle est devenue non le récit des événements, le tableau des révolutions du peuple, mais celui de la nature humaine, tracé d'après les faits, mais le résultat philosophique de l'expérience de tous les siècles et de toutes les nations. C'est lui qui le premier a introduit dans l'histoire la véritable critique... Peut-être a-t-il abusé quelquefois de cette règle si sage qu'il avait donnée... Mais on lui devra toujours d'avoir débarrassé l'histoire de cette sorte de faits extraordinaires adoptés sans preuve.

Comme philosophe, c'est lui qui, le premier, a présenté le modèle d'un simple citoyen embrassant, dans ses vœux

et dans ses travaux, tous les intérêts de l'homme dans tous
les pays et dans tous les siècles, s'élevant contre toutes les
erreurs, contre toutes les oppressions ; défendant, répan-
dant toutes les vérités utiles... Si le clergé de pays soumis
à la religion romaine a perdu la dangereuse puissance et
va perdre ses scandaleuses richesses ; si la liberté de la
presse y a fait quelques progrès ; si la Suède, la Russie, la
Pologne, la Prusse, les États de la maison d'Autriche ont
vu disparaître une intolérance tyrannique ; si les restes
honteux de la «servitude féodale» ont été ébranlés en Russie,
en Danemark, en Bohême et en France ; si, partout,
on a senti la nécessité de réformer les lois et les tribunaux ;
si, dans le continent de l'Europe, ces hommes ont senti
qu'ils avaient le droit de se servir de leur raison ; si l'amour
de l'humanité est devenu le langage commun de tous les
gouvernements ; si les guerres sont devenues moins fré-
quentes ; si l'on n'ose plus leur donner pour prétexte l'orgueil des souverains ou des prétentions que la rouille des
temps a couvertes ; si l'on a vu tomber tous les masques
imposteurs sous lesquels des castes privilégiées étaient en
possession de tromper les hommes ; si, pour la première
fois, la raison commence à répandre sur tous les peuples de
l'Europe un jour égal et pur, partout, dans l'histoire de ces
changements, on trouve le nom de Voltaire : presque partout on le verra ou commencer le combat, ou décider de la
victoire.

(Vie de Voltaire, IV, p. 174-176.)

Si Voltaire n'avait montré son zèle que contre des injustices liées à des événements publics ou à la cause de
la tolérance, on eût pu l'accuser de vanité. Mais le zèle

fut le même pour cette cause obscure à laquelle son nom seul a donné de l'éclat.

C'est ainsi qu'on a vu, depuis, un magistrat (1), enlevé trop tôt à ses amis et aux malheureux, intéresser l'Europe à la cause de trois paysans de Champagne et obtenir, par son éloquence et par la persuation, une gloire brillante et durable, pour prix d'un zèle que le sentiment de l'humanité, l'amour de la justice, avaient seuls inspiré.

Les hommes incapables de ces actions ne manquent pas de les attribuer au désir de la renommée. Ils ignorent quelles angoisses le spectacle d'une injustice fait éprouver à une âme fière et sensible, à quel point il tourmente la mémoire et la pensée, combien il fait sentir le besoin impérieux de prévenir ou de réparer le crime. Ils ne connaissent point ce trouble, cette horreur involontaire qu'excite dans tous les sens la vue, l'idée seule d'un oppresseur triomphant ou impuni. Et l'on doit plaindre ceux qui ont pu croire que l'auteur d'*Alzire* et de *Brutus* avait besoin de la gloire d'une bonne action pour défendre l'innocence.

A un grand seigneur qui lui disait : « Mais pourquoi défendre ce Calas ? — C'est, répondait Voltaire, que je suis homme. »

Tel fut Voltaire dans sa philosophie. Il a existé peu d'hommes qui aient honoré leur vie par plus de bonnes actions, et qui l'aient souillée par moins d'hypocrisie.

(IV, p. 140.)

Enfin on se souviendra qu'après avoir illustré la scène française par tant de chefs-d'œuvre, lorsqu'il exerçait en

_____

(1) M. Dupaty (note de Condorcet). — Voir ci-dessus, p. 4.

Europe un empire qu'aucun homme n'avait jamais exercé sur les hommes, ce vers si touchant:

« J'ai fait un peu de bien : c'est mon meilleur ouvrage »

était l'expression naïve du sentiment habituel qui remplissait son âme (1).

(IV, p. 186.)

1789

Conditions de la liberté de conscience

Aucun acte extérieur de religion ne peut être prescrit par une loi, parce que cet acte extérieur n'a aucun mérite s'il est forcé, au lieu qu'il importe peu qu'un homme respecte, volontairement ou non, la propriété d'autrui, pourvu qu'il exécute la loi qui l'y oblige.

Il est donc absurde d'obliger les hommes à professer ou à pratiquer une religion.

Mais la tyrannie et le crime se joignent ici à l'absurdité. Il est tyrannique d'obliger un homme à dire qu'il croit ce qu'il ne croit point, ou de le punir pour s'y être refusé. Il est tyrannique de l'obliger, sous la menace d'une peine, à des actes extérieurs qui blessent sa conscience, ou qui, s'il les regarde comme indifférents, l'obligent de paraître adopter ce qu'il rejette.

Ordonner de signer un formulaire de croyance ou de faire certaines actions qui annoncent que l'on partage cette

---

(1) C'est à la fin de ce morceau que l'auteur, en racontant l'histoire du Couvent de Saint-Claude et de l'abolition de la servitude, ajoute avec indignation : « Un ministre hypocrite a fait dépendre la liberté de l'esclave, non de la justice des lois, mais de la volonté des tyrans. »

croyance, c'est ordonner de mentir : c'est prescrire uu crime, c'est en commettre un.

Empêcher un homme de faire les actes extérieurs de la religion qu'il croit, c'est blesser les droits de la liberté naturelle, toutes les fois que ces actes extérieurs ne nuisent point aux droits des autres citoyens.

... L'intolérance, tant qu'elle subsiste, est une cause perpétuelle de troubles. La liberté ne peut en causer dès qu'elle est une fois établie.

— La paix, dit-on, règne en Espagne et dans les pays soumis à l'intolérance, où l'on a eu soin de ne conserver qu'une religion.

— Oublie-t-on à quel prix cette paix a été achetée, à quel prix on la conserve ? Quelle paix que celle qui ne subsiste qu'en tenant le peuple dans l'abrutissement, et les hommes éclairés soit dans l'hypocrisie (si on y joint l'obligation de professer la religion établie) soit dans l'irréligion (si on souffre qu'ils la méprisent) !

Quelques hommes, d'ailleurs éclairés, ont proposé, à la liberté absolue de la religion, une exception contre les athées.

—... Punir un homme, ou, du moins, le priver de ses droits naturels, parce qu'on s'imagine — d'après un raisonnement spéculatif — qu'il a moins de motifs qu'un autre de ne pas se livrer au crime, n'est-ce pas encore un acte de tyrannie ? On le punit, non de ce qu'il a fait, mais de ce qu'on suppose qu'il pourrait avoir envie de faire un jour...

D'ailleurs, quel serait l'objet de cette loi ? De punir ceux qui ont assez d'honneur ou de probité pour ne pas mentir, et de laisser les autres en paix. Ce ne serait point prendre de précaution contre le crime, mais encourager le mensonge.

Ce serait croire un athée moins dangereux, parce qu'on l'aura forcé à devenir hypocrite. Sous prétexte de sévir contre les hommes que l'on croit sans morale, on punira donc celui qui a prouvé qu'il en avait une, en préférant sa conscience à sa sûreté ; on épargnera celui qui n'en a réellement point, puisqu'il préfère sa sûreté à sa conscience.

Enfin, est-il vrai que la morale ne puisse exister sans la croyance à un Être suprême ?

Les idées de droit, de justice et de devoir, les idées du bien et du mal moral naissent de nos réflexions sur nous-mêmes, et sur nos relations avec les autres hommes : déterminées par notre nature même, elles ne sont ni arbitraires ni vagues. Les vérités qui ont ces idées pour objet ont donc la même certitude, la même précision que celles de toutes les sciences spéculatives. Si ensuite nous descendons dans notre propre cœur, nous trouverons que l'attrait d'une bonne action, la répugnance à en commettre une mauvaise, les remords qui la suivent, tous les mouvements de la conscience, en un mot, sont la suite nécessaire de notre constitution morale.

(Papiers personnels de Condorcet, Bibliothèque de l'Institut. Voir aussi 885, 1257, 2396.)

1789

Réflexions sur les pouvoirs et instructions à donner par les provinces à leurs députés aux États généraux

1. Quel est le premier droit dont la Nation doit obtenir la reconnaissance ?

— Le pouvoir législatif.

2. *Quelle est la nature et l'étendue du pouvoir législatif ?*

— La volonté générale étant la loi, le pouvoir législatif en entier soit en matière d'emprunt, soit en matière d'impôt, soit en toute autre matière, appartient à la Nation.

3. *Quel est le second droit ?...*

— La liberté individuelle des citoyens. Quelques mois se sont à peine écoulés depuis que la nation s'est aperçue que les lettres de cachet sont le plus grand des fléaux qui puissent désoler la France... Les lettres de cachet ont arrêté les lumières. Elles ont, pendant des siècles, énervé les courages et étouffé les efforts des corps dont le devoir était de s'opposer à la perception d'impôts illégaux. Elles ont frappé de même quiconque a voulu élever la voix en faveur des opprimés....

4. *Le troisième droit ?...*

— Celui de ne pouvoir être jugé que d'après les lois et par les juges légaux, reconnus ou établis par elle, sans que ces dits juges puissent modifier ni interpréter les lois, ni les causes être révoquées pour aucuns motifs en déclarant les juges responsables à la nation de l'exercice de leur fonction.....

5. *Le quatrième droit ?...*

— Celui de répartir et de percevoir elle-même les subsides par les représentants nommés dans chaque province, tant celles dont les États particuliers sont déjà constitués que toutes les autres dans lesquelles les États généraux sans doute en constitueront... On a vu les vingtièmes, la capitation, et surtout le brevet de la taille, s'élever dans des proportions inouïes depuis 1777.

6. *Le cinquième ?...*

— De rendre les ministres responsables de leur gestion, de pouvoir les faire juger par les Tribunaux... La personne du roi est sacrée. Mais il n'a jamais intérêt à violer les lois. C'est contre lui-même qu'il agit en attaquant la nation.

7. *Le sixième ?...*

— La périodicité des État généraux. Si la Nation a tous les pouvoirs, elle a celui de s'assembler dans le lieu, dans la forme et toutes les fois qu'il lui plaît...

(IX, p. 263-280.)

1789

Le droit suppose l'égalité des citoyens

Il n'y a de véritable droit, il n'y a de véritable félicité, de paix réelle que dans une égalité absolue entre les citoyens. L'inégalité personnelle, l'inégalité de fortune et celle d'opinion sont les seules légitimes, parce que ce sont les seules qui naissent de la nature de l'homme et des choses. Les lois doivent les souffrir, mais non les favoriser. Toute distinction héréditaire, toute fonction à vie, acquise à prix d'argent, toute prérogative qui n'est pas la suite nécessaire de la fonction qui la donne sont également contraires à cette égalité fondée sur le droit naturel. Toute disproportion dans l'impôt, toute loi qui gêne l'exercice ou de la propriété ou de l'industrie, sont encore des violations de ce droit.

Telle est, Messieurs, la profession de foi d'un gentilhomme. Et si vous proposez de la signer à ceux que vous voudrez

élire, peut-être ne serait-ce pas dans l'ordre de la noblesse
que vous serez le plus souvent exposés à des refus....

Préférez ceux qui ont une opinion décidée à ceux qui
inventent des plans conciliatoires ; ceux qui sont zélés
pour le *Droit des Hommes* à ceux qui ont une pitié tendre
pour les maux du peuple ; ceux qui parlent de *justice* et de
raison à ceux qui parlent d'intérêts politiques, de prospérité nationale, de faire fleurir le commerce ; ceux qui
s'occupent des intérêts généraux des citoyens à ceux qui
s'échauffent pour une ville ou pour un bailliage.

PHILOLAÜS
(IX, p. 227 et 259 de la *Première lettre d'un gentilhomme
à MM. du Tiers-État,* 1789.)

1790

Sur l'étendue des pouvoirs de l'Assemblée nationale

— Qu'est-ce que l'Assemblée nationale ?
— C'est une assemblée élue par le peuple pour le
rétablir dans ses droits naturels.

Elle a donc reçu de lui le pouvoir de faire tout ce
qui était nécessaire pour établir une constitution égale
et libre, pour détruire tout ce qui, dans les lois subsis-
tantes, était incompatible avec une telle constitution ;
tout ce qui, dans les lois anciennes, portait atteinte aux
droits naturels des hommes.

Brochure *Sur l'étendue des pouvoirs de l'Assemblée nationale,* par
M. de Condorcet; Paris, 1790, 16 pages. Bibliothèque Nationale 639. 4256.

1790

Actes de l'état civil remis à des magistrats laïques

Que les actes qui constatent la naissance, le mariage, la mort des citoyens soient soustraits à une autorité étrangère et ne reçoivent leur authenticité que d'officiers établis par la loi ; que la morale fasse partie d'une éducation politique commune à toutes les classes de citoyens ; que l'on écarte avec soin de cette éducation toute influence sacerdotale... ; alors, nous bénirons ceux qui ont su, au milieu des clameurs du fanatisme expirant, se démêler des pièges de l'hypocrisie, et concilier la paix avec la justice.

(Sur le décret du 13 avril 1790, X, p. 100.)
(N° 2 du *Journal de la Société de* 1789, article intitulé :
Religion catholique, juin 1790.)

1790

Pourquoi le peuple n'a-t-il pas une véritable morale?

Je n'ignore pas que, dans l'état actuel de l'Europe, le peuple n'est pas capable peut-être d'avoir une véritable morale. Mais la stupidité du peuple est l'ouvrage des institutions sociales et des superstitions.

Les hommes ne naissent ni stupides ni fous : ils le deviennent.

En parlant raison au peuple, en ne lui apprenant que des

choses vraies, dans le petit nombre d'instants qu'il peut donner à la culture de son esprit, on pourrait l'instruire du peu qu'il lui est nécessaire de savoir.

L'idée même du respect qu'il doit avoir pour la propriété du riche n'est difficile à lui insinuer que :

1º Parce qu'il regarde les richesses comme une espèce d'usurpation, de vol fait sur lui — et malheureusement cette opinion est vraie en grande partie ;

2º Parce que son excessive pauvreté le fait toujours se considérer dans le cas de la nécessité absolue, cas où des moralistes très sévères ont été de son avis ;

3º Parce qu'il est aussi méprisé et maltraité, comme pauvre, qu'il le serait après s'être avili par des friponneries.

C'est donc uniquement parce que les institutions sont mauvaises que le peuple est, si souvent, un peu voleur par principe.

En général, quelque principe de morale, de vertu, de religion qu'on donne à un peuple, il n'y aura jamais ni mœurs, ni vertu, ni morale que dans les pays où il sera de l'intérêt des hommes d'en avoir, ou plutôt dans lesquels les hommes ne croiront pas avoir un grand intérêt d'en manquer : car, quoi qu'en aient dit certains moralistes, lorsqu'on n'aura qu'un peu moins d'intérêt à choisir le bien que le mal, ce sera toujours le bien que l'homme choisira.

(V. p. 362.)

Conclusion. — Il faut, pour qu'une nation soit bien gouvernée, ou que le chef du gouvernement remplisse lui-même ses fonctions, ou qu'il confie ses intérêts à des hommes éclairés et vertueux, qui acceptent une place du ministère, non pour devenir riches ou avoir du crédit ou des complaisants, mais pour faire le bien de leur pays et acquérir de la gloire. Autrement le prince et la nation resteront également la dupe des gens intéressés à les rendre aveugles pour les mener plus aisément.

Concluons enfin que : *de toutes les erreurs nuisibles, l'opinion qu'il y a des erreurs utiles aux hommes est la plus dangereuse et renferme toutes les autres.*

Extrait de la *Dissertation sur cette question* : « *S'il est utile aux hommes d'être trompés ?* »

(V. p. 389.)

1er avril 1791

Les conventions nationales (1)

En partant d'une époque donnée, on arrive à peu près au bout de vingt ans (du moins dans notre climat) au moment où les nouveaux citoyens forment la pluralité, et c'est le moment où l'on cesse de pouvoir dire qu'une constitution exprime le vœu de la nation qui s'y est soumise. Tel est donc l'espace de temps au delà duquel il paraît tyrannique d'étendre l'irrévocabilité des lois constitutionnelles. Et l'on ne peut, sans violer ouvertement le droit national, séparer par un plus grand intervalle les assemblées constituantes chargées de revoir ces lois et de leur faire obtenir le nouveau consentement, le même signe d'unanimité qui seul rend les lois légitimement obligatoires.

(1) Ce discours fut prononcé par Condorcet dans l'Assemblée fédérative des *Amis de la Vérité*, qui en vota l'impression le 1er avril 1791. L'idée qu'exprime ici Condorcet est une de celles auxquelles il était le plus attaché.

Vous pardonnerez cependant à la faiblesse de ce discours, en faveur de l'importance du sujet que j'ai osé traiter devant vous. Au milieu des incertitudes qui nous arrêtent, des craintes qui nous troublent, au milieu de ce mouvement où la vérité nous échappe sans cesse, où elle est sans cesse obscurcie par la nécessité de comparer les institutions sociales avec les opinions, les projets avec les raisonnements, les actions avec les paroles, vous sentez aussi bien que moi combien il serait doux de pouvoir se reposer paisiblement sur l'avenir, de pouvoir se dire : cette erreur, échappée aujourd'hui à nos législateurs, sera corrigée demain. Ce bien, que nous avons appelé en vain et qui nous a été refusé, se prépare déjà pour nos neveux. Si ces dangers sont réels, il suffira de les montrer pour les faire disparaître. Et, si (comme Newton osait le penser de l'univers) la constitution française a besoin d'une main réparatrice, ceux à qui nous en devons le bienfait ont eu la noble modestie de la placer eux-mêmes à côté de leur ouvrage.

Discours sur les conventions nationales, X, p. 193 et 206.

Juillet 1791

Avis aux Français sur la Royauté

Frères et Citoyens !

La tranquillité parfaite, la confiance mutuelle qui régnaient parmi nous pendant la fuite du ci-devant roi, l'indifférence avec laquelle nous l'avons vu ramener sont des signes non équivoques que l'absence d'un roi vaut mieux que sa présence et qu'il n'est pas seulement une superfluité politique, mais encore un fardeau très lourd qui pèse sur la Nation.

Ne nous laissons pas tromper par des subtilités. Tout ce qui concerne cet homme-là se réduit à quatre points :

1º Il a abdiqué. Il a déserté son poste dans le gouvernement ;

2º La Nation ne peut jamais rendre sa confiance à un homme qui, infidèle à ses fonctions, parjure à ses serments, ourdit une fuite clandestine, cache un roi de France sous le déguisement d'un domestique, dirige sa course vers une frontière plus que suspecte, couverte de transfuges, et médite évidemment de ne rentrer dans nos États qu'avec une force capable de nous dicter la loi ;

3º La fuite est-elle son propre fait ou le fait de ceux qui sont partis avec lui ? A-t-il pris sa résolution de lui-même, ou la lui a-t-on inspirée ? Que nous importe ? Qu'il soit hypocrite, idiot ou fourbe, il est également indigne des fonctions de la royauté ;

4º Il est, par conséquent, libre de nous comme nous sommes libres de lui. Il n'a plus d'autorité. Nous ne lui devons plus d'obéissance. Nous ne le connaissons plus que comme un individu dans la foule, comme M. Louis Bourbon.

......Qu'est-ce donc, dans un gouvernement, qu'un office qui ne demande ni expérience ni habileté, un office qu'on peut abandonner au hasard de la naissance, qui peut être rempli par un idiot, un fou, un méchant, comme un sage ?

Animé des sentiments énergiques que renferme cet avis, une société de républicains a résolu de publier, par feuilles détachées, un ouvrage, sous ce titre : *Le Républicain.*

Son objet est d'éclairer les esprits sur le républicanisme, qu'on calomnie parce qu'on ne le connaît pas, sur l'inutilité, les vices et les abus de la royauté, que le préjugé s'obstine à défendre, quoiqu'ils soient connus.

(Premier numéro du Républicain, juillet 1791.)

7 août 1791

Les conventions nationales
pour mettre à jour les constitutions

Les anciens législateurs aspiraient à rendre éternelles des constitutions qu'ils présentaient, au nom des Dieux, à l'enthousiasme du peuple.....

Ce moyen, inconnu des peuples anciens, a été enfin trouvé de nos jours dans le nouveau monde. C'est l'établissement, fait par la Constitution même, d'assemblées chargées de revoir, de perquisitionner, de réformer cette Constitution, soit à des époques déterminées par elle, soit au moment marqué par la volonté nationale... C'est à ces assemblées que l'on donna le nom de *Convention*.

Discours sur les Conventions nationales prononcé
à l'Assemblée des *Amis de la Constitution* (aux Jacobins)
(X. 207.)

1791

Lettre aux amis de la liberté

Messieurs, puisque vous croyez pouvoir accorder quelquefois à mes réflexions une place dans vos feuilles, au lieu de mon nom qui n'apprendrait rien à vos lecteurs, j'ai pensé qu'un tableau simple de mes principes les mettrait plus à portée d'apprécier mes opinions particulières.

Je crois l'espèce humaine indéfiniment perfectible, et qu'ainsi elle doit faire vers la paix, la liberté et l'égalité, c'est-à-dire vers le bonheur et la vertu, des progrès dont il est impossible de fixer le terme.

Je crois aussi que ces progrès doivent être l'ouvrage de la raison, fortifiée par la méditation, appuyée par l'expérience.

D'après ces principes, ma philosophie doit être froide et patiente.

Je dois être beaucoup moins effrayé des bruits de conspiration que des mauvais systèmes qui peuvent retarder plus longtemps les progrès des lumières.

Je dois être plus ennemi des fausses opinions, lorsqu'elles sont nouvelles, lorsqu'elles flattent l'esprit du moment, que des vieux préjugés dont la ruine est infaillible et qui n'épouvantent plus que par la masse de leurs débris.

Comme, suivant cette manière de voir, le droit et la justice doivent être les seuls principes de toute opération politique, je paraîtrai tantôt porter à l'excès l'amour de l'égalité et aspirer à une perfection chimérique, et tantôt je ne serai qu'un citoyen tiède et presque protecteur des abus.

Je ne dirai point : *Tout est bien*, mais : *Tout sera bien*, et, par là, je déplairai aux deux partis.

Les préjugés ont reçu, depuis un an, de si violentes secousses que, pour faire de grands progrès vers le bien, il suffit de laisser à la raison humaine, un peu trop agitée, le temps de reprendre quelque calme.

Tous nos maux actuels disparaîtront bientôt devant elle ; et alors, dans tous les partis (s'il en reste encore quelque trace), tous diront que les désordres de la Fronde ont été bien plus cruels et n'ont valu à la France que cent ans de despotisme.

J'ai l'honneur d'être, etc...

Un vieux.

(La Bouche de fer, Bulletin du Cercle Social, 1791) (1).

1791

Adresse de l'Assemblée nationale aux Français (19 septembre 1791)

Le piège nouveau que l'on vous tend est trop grossier pour vous séduire. Vous sentirez qu'un seul attentat à la personne ou aux propriétés de vos représentants donnerait un prétexte aux ennemis de la liberté pour frapper de nullité tout ce qui avait été fait par une représentation nationale quelconque...

Français ! Toute vengeance populaire, toute punition même d'un ennemi public, qui n'est pas revêtue des formes légales, est un assassinat. Loin de servir la cause de la liberté, elle ne peut que lui nuire. Et ceux qui se livrent à ces excès trahissent cette cause en croyant la défendre.

Ce n'est qu'en respectant les lois, les personnes et les propriétés, ce n'est qu'en conservant la tranquillité publique que vous pouvez déployer vos forces, triompher de vos nombreux ennemis. Vous mériterez ainsi l'estime des nations, et vous prouverez à l'Europe que vous n'êtes pas

(1) Lettre reproduite par le Dr Robinet : Condorcet, sa vie, son œuvre, p. 101.

égarés par des factieux, et divisés par des partis opposés, mais que vous êtes animés de la volonté ferme de maintenir la liberté et l'égalité, ou de périr en les défendant.

(X, p. 585.) (1).

29 décembre 1791
Déclaration de l'Assemblée nationale

A l'instant où, pour la première fois depuis le jour de sa liberté, le peuple français peut se voir réduit à la nécessité d'exercer ce droit terrible de la guerre, ses représentants doivent à l'Europe, à l'humanité entière le compte des motifs qui ont déterminé la révolution de la France, les positions de principe qui dirigeront sa conduite.

« *La nation française renonce à entreprendre aucune guerre dans la vue de faire des conquêtes, et n'emploiera jamais ses forces contre la liberté d'aucun peuple.* » Tel est le texte de la constitution, tel est le vœu secret par lequel nous avons lié notre bonheur au bonheur de tous les peuples, et nous y serons fidèles.

... La nation française est libre, et — ce qui est plus que d'être libre — elle a le sentiment de la liberté. Elle est armée. Elle ne peut être asservie. Victorieuse, elle ne cherchera ni répression, ni vengeance... Repousser la force, résister à l'oppression, tout oublier, lorsqu'il n'y aura plus rien à

(1) « L'Exposition qu'elle (l'Assemblée Nationale) a publiée, l'adresse qu'elle a faite quelques jours après...., ont été mon ouvrage. Et j'y ai dit la vérité sans flatterie, pour le peuple, sans ménagements, mais sans colère contre les traîtres et les tyrans. » (I, p. 623.) Cette phrase figure dans le *Fragment de justification*, « quitté, à ma prière, pour écrire *l'Esquisse des progrès de l'Esprit humain.* » (Note mise sur le manuscrit autographe de la main de Madame de Condorcet.)

redouter, et ne plus voir que des frères dans des adversaires vaincus, réconciliés et désarmés : voilà ce que veulent tous les Français, et voilà quelle est la guerre qu'ils déclareront à leurs ennemis (1).

(X, p. 225.)

1792

Droits de tout Français

L'amour de la liberté, de l'égalité est aujourd'hui la passion dominante des Français. Forts de cet enthousiasme allumé au flambeau de l'éternelle vérité, ils n'ont besoin du fanatisme d'aucune erreur.

Ils n'en auront même pas à combattre. On sait aujourd'hui, d'un bout de l'Europe à l'autre, que tous les hommes ont les mêmes droits, que les rois n'ont de pouvoir légitime que celui qu'ils tiennent de la volonté ou de l'insouciance du peuple gouverné par eux ; que, la conscience de l'homme devant être libre, chacun est le maître de choisir son Dieu comme ses prêtres (2).

(La République Française aux hommes libres,
1792, XII, p. 117.)

(1) Envoyé, par ordre de la législation, dans les 83 départements.

(2) « Qu'on lise l'ouvrage de Burke, le plus éloquent ennemi des principes français. Et on trouvera qu'il se réduit à ce peu de paroles : « Les hommes sont des sots, éternellement destinés à être trompés et gouvernés par des rois et par des prêtres, et c'est pour le plus grand bien de tous. Les gens d'esprit, comme moi, iront-ils se fatiguer pour éclairer les sots ? Non. Mais il prendront, dans leurs dépouilles, la part que les rois et les prêtres voudront bien leur laisser. » (Note de Condorcet, p. 118.)

« PENSÉES » DE CONDORCET (1)

— Tout bien dont on peut grandement, extrêmement abuser, est un grand mal.

— On a raison de dire qu'il faut récompenser la vertu. Mais quelle récompense digne d'elle est-il au pouvoir des hommes de lui décerner ? Il n'y en a qu'une seule : l'aveu public qu'on en connaît tout le prix ! Ce serait l'insulter que de lui proposer des biens, des honneurs, des plaisirs.

— Un homme supérieur peut, à force de réflexion et d'expérience, deviner ce que c'est qu'un sot. Mais jamais un homme médiocre, même avec quelque esprit, ne devinera un homme de génie. J'ai entendu un homme de bon sens dire gravement à un auteur d'ouvrages imprimés qu'il était bien singulier qu'il s'occupât ainsi de « misères ». Cet homme n'avait, depuis plus de quarante ans, fait autre chose que d'assister à l'Office et aux assemblées du chapitre, dont il était membre.

— Les prêtres nous disent qu'aux yeux de la Religion, tous les laïques sont égaux. Et cela séduit le peuple. Mais ils ont soin de réserver, dans l'œuvre, des places pour les grands, et ceux-ci sont contents.

— Les grands penseurs n'ont jamais été des croyants (2).

(1) Ce titre est de la main de Condorcet, en tête des pages 128 et suivantes du carton 885 (Bibliothèque de l'Institut).

(2) C'est sans doute à la même époque que Condorcet conçut le projet d'un ouvrage, qui n'a pas paru. C'était un *Almanach antisuperstitieux*, où devaient être inscrits, le jour de leur mort, les victimes des passions religieuses. Il serait peut-être à propos de rechercher l'historique de cet opuscule, qui n'est pas sans avoir quelque mérite.

— L'homme vraiment libre est celui qui met son orgueil dans une soumission volontaire aux lois de sa patrie.

— La liberté de la pensée est l'unique rempart de la liberté des nations.

— Celui qui n'a point vécu dans les villes et commercé avec les passions des hommes ne connaît pas les hommes. Mais celui qui n'a pas vécu dans les champs, dans les déserts avec la nature et avec lui-même, ne connaît pas l'homme.

— Que Dieu existe ou non, la morale est la même.

(885, p. 78.)

— Toutes les âmes d'une nation se montrent dans celles d'une douzaine d'hommes.

— Les lois sont dans les livres, mais la justice est dans le cœur.

— L'histoire est la confession des hommes.

— Nous sommes trop près de l'Univers pour le juger. Nous ressemblons à des fourmis qui, marchant sur ce beau tableau, ne peuvent comprendre les discours et les dogmes des amateurs qui seraient vis-à-vis.

— La morale du Coran est renfermée dans ces paroles : « Rechercher qui vous chasse. Donner à qui vous ôte. Pardonner à qui vous offense. Faire du bien à tous. Ne contester point avec les ignorants. »

(Bibliothèque de l'Institut, carton 885, p. 129.)

AUTRES « PENSÉES DE CONDORCET »
(Extraites de ses écrits)

— Les amis de la vérité sont ceux qui la cherchent et non ceux qui se vantent de l'avoir trouvée (première phrase du discours sur les *Conventions nationales*).

Qu'on sépare, pour jamais, la religion de l'ordre civil. Abandonnez enfin les religions à la seule conscience, puisqu'elles n'intéressent que la conscience.

— Pour les grands génies et les âmes élevées, il n'y a que deux plaisirs : celui de servir son pays, et celui de découvrir des vérités. Ou, plutôt, il n'y en a qu'un : celui d'être utile à ses semblables, car la découverte de la vérité est un des plus sûrs moyens de faire du bien aux hommes.

(*Éloge de Michel de l'Hôpital*, III, p. 470.)

— On demandait à Démosthène quelle est la première qualité de l'orateur ? *C'est l'action.* Quelle est la seconde ? *C'est l'action.* Et la troisième ? *Encore l'action.*

Je dirai de même, si l'on me demande quelle est la première règle de la politique ? *C'est d'être juste.* La seconde ? *C'est d'être juste.* Et la troisième ? *C'est encore d'être juste.*

(*Un ermite de la forêt de Sénart*, dimanche 22 juin 1777, dans le *Journal de Paris*, n° 173.)

— C'est par la raison seule qu'on gouverne les peuples vrai-

ment libres. Car c'est à leur raison qu'ils cèdent encore,
même quand ils obéissent à des lois contraires à leur
opinion.

(X, p. 386.)

— C'est au nom de Dieu qu'on vous excite à combattre
toute la liberté du genre humain, comme si Dieu avait créé
les hommes pour les rois. Comme si ces droits sacrés (que
les Français ont ressaisis) attachés par le Ciel même à notre
nature, n'étaient pas le plus précieux des bienfaits !

(XII, p. 525.)

— Comment les nations n'écouteraient-elles pas la France
qui dirait à chacune d'elles : « J'ai fondé sur la Justice
et sur la Raison seules les lois qui unissent les citoyens français. Cherchons ensemble, d'après la Raison et la Justice,
celles qui doivent nous unir. La liberté et l'égalité sont
la base de la constitution : qu'elles soient aussi la base
de ces traités. La nature n'a point voulu sans doute que
les intérêts des nations fussent opposés entre eux : mon-
trez-nous cet intérêt commun qui doit nous réunir, et
qu'entre nous il deviennent le lien d'une éternelle fraternité. »

(X, p. 297.)

— Je n'aime point le despotisme. Mais je hais encore
plus l'aristocratie, qui est le despotisme de plusieurs.

*Lettre d'un citoyen des États-Unis à un Français
sur les affaires présentes* (IX, p. 99.)

II
CONDORCET
AUTEUR DES CINQ MÉMOIRES
SUR
L'INSTRUCTION PUBLIQUE

Premier mémoire :
Nature et objet de l'instruction publique
1790

I. — LA SOCIÉTÉ DOIT AU PEUPLE UNE INSTRUCTION PUBLIQUE

1º *Comme moyen de rendre réelle l'égalité des Droits :*
L'instruction publique est un devoir de la société à l'égard des citoyens.

Vainement aurait-on déclaré que les hommes ont tous les mêmes droits. Vainement les lois auraient-elles respecté le premier principe de l'éternelle justice ; si l'inégalité dans les facultés morales empêchait le plus grand nombre de jouir de ces droits dans toute leur étendue...

Cette obligation consiste à ne laisser subsister aucune iné-galité qui entraîne de dépendance.

... Il suffit au maintien de l'égalité des droits... que chacun soit assez instruit pour exercer lui-même (et sans se soumettre aveuglément à la raison d'autrui) les droits dont la loi lui a garanti la jouissance.

Ainsi, par exemple, celui qui ne sait pas lire et qui ignore l'arithmétique dépend réellement de l'homme plus instruit, auquel il est sans cesse obligé de recourir. Il n'est pas l'égal de ceux à qui l'éducation a donné ces connaissances. Il ne peut pas exercer les mêmes droits avec la même étendue et la même indépendance... Mais l'homme qui sait les règles de l'arithmétique, nécessaires dans l'usage de la vie, n'est pas dans la dépendance du savant, qui possède au plus degré le génie des sciences mathématiques et dont le talent lui sera d'une utilité très réelle, sans jamais pouvoir le gêner dans la jouissance de ses droits...

L'inégalité d'instruction est une des principales sources de la tyrannie.

2° Pour diminuer l'inégalité qui naît de la différence des sentiments moraux.

Il est encore une autre inégalité dont une instruction générale, également répandue, peut être le seul remède.

Quand la loi a rendu tous les hommes égaux, la seule distinction qui les partage en plusieurs classes est celle qui naît de leur éducation. Elle ne tient pas seulement à la différence des lumières, mais à celle des opinions, des goûts, des sentiments, qui en est la conséquence inévitable. Le fils du riche ne sera point de la même classe que le fils du pauvre, si aucune instruction publique ne les rapproche par l'instruction. Et la classe qui en recevra une plus soignée aura nécessairement des mœurs plus douces, une probité plus délicate, une honnêteté plus scrupuleuse ; ses vertus seront plus pures ; ses vices au contraire seront moins révoltants ; sa corruption moins dégoûtante, moins barbare, moins incurable...

Le devoir de la société relativement à l'obligation d'étendre dans le fait, autant qu'il est possible, l'égalité des droits, consiste donc à procurer à chaque homme l'instruction nécessaire pour exercer les fonctions communes d'homme, de père de famille et de citoyen, pour en sentir, pour en connaître tous les devoirs (1).

(VII, p. 169-173.)

3º *Pour augmenter dans la société la masse des lumières utiles.*

Plus les hommes sont disposés par éducation à raisonner juste, à saisir les vérités qu'on leur présente, à rejeter les crimes dont on veut les rendre victimes, plus aussi une Nation, qui verrait ainsi les lumières s'accroître de plus en plus et se répandre sur un plus grand nombre d'individus, doit espérer d'obtenir et de conserver de bonnes lois, une administration sage et une constitution vraiment libre...

C'est donc encore un devoir de la Société que d'offrir, à tous (2), les moyens d'acquérir les connaissances auxquelles

(1) Comparez avec cette autre affirmation de Condorcet : « Une morale fondée sur la nature de l'homme et sur la raison — où l'on commencerait l'instruction par l'analyse et le développement des idées morales — trouverait un accès facile dans tous les esprits ». *Vie de Turgot* (V. 25, 1786.)

(2) Ceci est-il une réponse au *Traité des études* que publiait, cent ans avant Condorcet, l'abbé Fleury et qui naguère, encore, figurait parmi nos livres classiques ? L'abbé Fleury recherchait, suivant sa « méthode insinuante et conciliatrice », à qui conviennent les études. Il répondait : « Elles conviennent à ceux qui ont un honnête loisir. » Et, s'intéressant à ceux qui n'en ont pas, voici ce qu'il leur conseille : « A quoi vous amusez-vous ? Vous êtes nés à la campagne. Demeurez-y. Labourez le champ de vos pères. Ou, s'ils ne vous en ont point laissé, servez un maître ! Travaillez à la journée ! Apprenez un métier ! Choisissez une profession qui vous fasse subsister honnêtement. *Et laissez les études à ceux qui sont riches !* » C'est à cette formule égoïste que Condorcet oppose la sienne : «Une société républicaine *doit* à *tous* ses enfants l'instruction publique. »

la force de leur intelligence et le temps qu'ils peuvent employer à s'instruire leur permettent d'atteindre.

(VII, p. 174.)

II. — LA SOCIÉTÉ DOIT ÉGALEMENT UNE INSTRUCTION PUBLIQUE RELATIVE AUX DIVERSES PROFESSIONS

1° *Pour maintenir plus d'égalité entre ceux qui s'y livrent.*
Dans l'état actuel des sociétés, les hommes se trouvent partagés en professions diverses, dont chacune exige des connaissances particulières.

Les progrès de ces professions contribuent au bien-être commun. Il est utile, pour l'égalité réelle, d'en ouvrir le chemin à ceux que leurs goûts ou leurs facultés y appelleraient, mais que, par le défaut d'une instruction publique, le pauvreté ou en exclurait absolument, ou y condamnerait à la médiocrité et, dès lors, à la dépendance.

La puissance publique doit donc compter au nombre de ses devoirs celui d'assurer, de faciliter, de multiplier les moyens d'acquérir ces connaissances...

(VII, p. 175.)

III. — LA SOCIÉTÉ DOIT ENCORE L'INSTRUCTION PUBLIQUE COMME MOYEN DE PERFECTIONNER L'ESPRIT HUMAIN

1° *En mettant tous les hommes nés avec du génie à portée de le développer.*
C'est encore un véritable devoir de favoriser la découverte des vérités spéculatives, comme l'unique moyen de porter successivement l'espèce humaine aux divers degrés de perfection et par conséquent de bonheur, où la nature

lui permet d'aspirer. Devoir d'autant plus important que le bien ne peut être durable, si l'on ne fait des progrès vers le mieux : il faut ou marcher vers la perfection, ou s'exposer à être entraîné en arrière par le choc continuel et inévitable des passions, des erreurs et des événements.

Jusqu'ici un très petit nombre d'individus reçoivent, dans leur enfance, une instruction qui leur permette de développer toutes leurs facultés naturelles. A peine un centième des enfants peut-il se flatter d'obtenir cet avantage. Et l'expérience a prouvé que ceux à qui la fortune l'a refusé (et qu'ensuite la force de leur génie, aidée d'un heureux hasard, a mis à portée de s'instruire) sont restés au-dessous d'eux-mêmes. Rien ne répare le défaut de cette éducation première, qui seule peut donner et l'habitude de la méthode, et cette variété de connaissances si nécessaire pour s'élever, dans une seule, à toute la hauteur que naturellement on pouvait se flatter d'atteindre.

Il serait donc important d'avoir une forme d'instruction publique qui ne laissât échapper aucun talent sans être aperçu et qui lui offrît alors tous les secours réservés jusqu'ici aux enfants des riches. On l'avait senti même dans les siècles d'ignorance. De là ces nombreuses fondations pour l'éducation des pauvres. Mais ces institutions, souillées par les préjugés des temps qui les ont vues naître, ne renferment aucune précaution pour ne les appliquer qu'aux individus dont l'instruction peut devenir un bienfait public. Elles n'étaient qu'une espèce de loterie, offrant à quelques êtres privilégiés l'avantage incertain de s'élever à une classe supérieure : elles faisaient très peu pour le bonheur de ceux qu'elles favorisaient, et rien pour l'utilité commune.

En voyant ce que le génie a su exécuter, malgré tous les

obstacles, on peut juger des progrès qu'aurait faits l'esprit humain, si une instruction mieux dirigée avait au moins centuplé le nombre des inventeurs....

(VII, p. 179-180.)

... Si le perfectionnement indéfini de notre espèce est, comme je le crois, une loi générale de la nature, l'homme ne doit plus se regarder comme un être borné à une existence passagère et isolée, destiné à s'évanouir après une alternative de bonheur et de malheur pour lui-même, de bien et de mal pour ceux que le hasard a placés près de lui. Il devient une partie active du grand tout, et le coopérateur d'un ouvrage éternel. Dans une existence d'un moment sur un point de l'espace, il peut, par ses travaux, embrasser tous les lieux, se lier à tous les siècles et agir longtemps après que sa mémoire a disparu de la terre...

(P. 183.)

Les révolutions amenées par le perfectionnement général de l'espèce humaine doivent sans doute conduire à la raison et au bonheur. Mais par combien de malheurs passagers ne faudrait-il pas l'acheter ? Combien l'époque n'en serait-elle pas reculée, si une instruction générale ne rapprochait pas les hommes entre eux, si le progrès de lumières, toujours inégalement répandues, devenait l'aliment d'une guerre éternelle d'avarice et de ruse entre les Nations, — comme entre les diverses classes d'un même peuple — au lieu de les lier par cette réciprocité fraternelle de besoins et de services, fondement d'une félicité commune ? (1)

(P. 186.)

(1) Cf. cette autre pensée de Condorcet : « Il faut renoncer à l'idée de parler aux enfants de ce que ni leur esprit, ni leur âme ne peuvent encore comprendre; ne pas leur faire admirer une constitution et réciter par cœur

DIVISION DE L'INSTRUCTION PUBLIQUE EN TROIS PARTIES

De toutes ces réflexions, on voit naître la nécessité de trois instructions très distinctes :

D'abord, une *instruction commune* où l'on doit se proposer :

1º D'apprendre à chacun — suivant le degré de sa capacité et la durée du temps dont il peut disposer — ce qu'il est bon à tous les hommes de connaître, quels que soient leur profession et leur goût;

2º De s'assurer un moyen de connaître les dispositions particulières de chaque sujet, afin de pouvoir en profiter pour l'avantage général (1) ;

3º De préparer les élèves aux connaissances qu'exige la profession à laquelle ils se destinent.

La *seconde* espèce d'instruction doit avoir pour objet les études relatives aux diverses professions qu'il est utile de perfectionner...;

La *troisième* enfin, purement scientifique, doit former ceux que la nature destine à perfectionner l'esprit humain par de nouvelles découvertes, et par là faciliter ces découvertes, les accélérer et les multiplier.

(VII, p. 187.)

M. Smith a remarqué que plus les professions méca-

les droits politiques de l'homme, quand ils ont à peine une idée nette de leurs relations avec leur famille et leurs camarades; ne pas vouloir exalter leur âme par l'amour de la patrie, quand ils ne savent encore que par instinct aimer leur mère ou leur nourrice; ne pas leur parler de verser le sang des ennemis de la liberté, lorsqu'ils ignorent invinciblement en quoi elle consiste. »

(VI, p. 549.)

(1) Première définition de ce qu'on nomme aujourd'hui : « l'orientation professionnelle »;

niques se divisaient, plus le peuple était disposé à contracter cette stupidité naturelle aux hommes formés à un petit nombre d'idées du même genre. L'instruction est le seul remède de ce mal. Les lois prononcent l'égalité dans les droits : les institutions, par l'instruction publique, peuvent seules rendre cette égalité réelle... Autrement, on livrerait les hommes à l'autorité de l'ignorance toujours injuste et cruelle. On ne pourrait maintenir ce fantôme imposteur d'égalité qu'en sacrifiant la propriété, la liberté, la sûreté aux caprices des agitateurs, d'une multitude égarée et stupide...

... Une constitution vraiment libre où toutes les classes de la société jouissent des mêmes droits, ne peut subsister si l'ignorance d'une partie des citoyens ne lui permet pas d'en connaître la nature et les limites et les oblige de prononcer sur ce qu'ils ne connaissent pas, de choisir quand ils ne peuvent juger. Une telle constitution se détruirait d'elle-même, après quelques orages, et dégénérerait en une de ces formes de gouvernement qui peuvent conserver la paix au milieu d'un peuple ignorant et corrompu.

(VII, p. 195.)

IV. — Questions préliminaires a résoudre

L'éducation publique doit se borner a l'instruction

1º *Parce que la différence nécessaire des travaux et des fortunes empêche de lui donner plus d'étendue.*

On trouve chez les anciens quelques exemples d'une

«éducation commune», où tous les jeunes citoyens, regardés comme les enfants de la République, étaient élevés pour elle, et non pour leur famille et pour eux-mêmes. Plusieurs philosophes ont tracé le tableau d'institutions semblables.

Mais ces principes ne peuvent s'appliquer aux nations modernes. Cette égalité absolue dans l'éducation ne peut exister que chez les peuples où les travaux de la société sont exercés par des esclaves.

Que cependant ceux qui aujourd'hui se vantent d'aimer la liberté, en condamnant à l'esclavage des êtres que la nature a fait leurs égaux, ne prétendent pas même à ces vertus souillées des peuples antiques : ils n'ont plus pour excuse ni le préjugé de la nécessité, ni l'invincible erreur d'une coutume universelle.

(VII, p. 197-199.)

Parmi nous, les emplois pénibles de la société sont confiés à des hommes libres qui, obligés de travailler pour satisfaire à leurs besoins, ont cependant les mêmes droits et sont les égaux de ceux que leur fortune en a dispensés.

Une grande portion des enfants des citoyens sont destinés à des occupations dures, dont l'apprentissage doit commencer de bonne heure, dont l'exercice occupera tout leur temps. Leur travail devient une partie de la ressource de leur famille, même avant qu'ils soient absolument sortis de l'enfance; tandis qu'un grand nombre, à qui l'aisance de leurs parents permet d'employer plus de temps et de consacrer même quelque dépense à une éducation plus étendue, se préparent, par cette éducation, à des professions plus lucratives, et que pour d'autres enfin, nés avec une fortune indépendante, l'éducation a pour objet unique

de leur assurer les moyens de vivre heureux et d'acquérir
la richesse ou la considération que donnent les places, les
services ou les talents.

(VII, p. 199.)

*2° Parce qu'alors elle porterait atteinte aux droits des
parents...*

... On commettrait une réelle injustice en donnant à la
majorité réelle des chefs de famille, et plus encore, en
confiant à celle de leurs représentants le pouvoir d'obliger
les pères à renoncer au droit d'élever leurs familles... On
affaiblirait, on anéantirait les sentiments de reconnaissance
filiale, premier germe de toutes les vertus...

(P. 201.)

*3° Parce qu'une éducation publique deviendrait contraire
à l'indépendance des opinions.*

... Aujourd'hui qu'il est reconnu que la vérité seule peut
être la base d'une prospérité durable, le but de l'éducation
ne peut plus être de consacrer les opinions établies, mais
de les soumettre à l'examen libre des générations succes-
sives, toujours de plus en plus éclairées.

(P. 203.)

*La puissance publique n'a pas le droit de lier l'enseignement
de la morale à celui de la religion.*

A cet égard même, son action ne doit être ni arbitraire
ni universelle. On a déjà vu que les opinions religieuses ne
peuvent faire partie de l'instruction commune, puisque,
devant être le choix d'une conscience indépendante, aucune
autorité n'a le droit de préférer l'une à l'autre. Et il en

résulte la nécessité de rendre l'enseignement de la morale rigoureusement indépendant de ces opinions.

Elle n'a pas le droit de faire enseigner des opinions comme des vérités.

La puissance publique ne peut même, sur aucun objet, avoir le droit de faire enseigner des opinions comme des vérités ; elle ne doit imposer aucune croyance.

(VII, p. 204.)

En conséquence, elle ne doit pas confier l'enseignement à des corps perpétuels.

La puissance publique doit donc éviter surtout de confier l'instruction à des corps enseignants qui se recrutent par eux-mêmes. Leur histoire est celle des efforts qu'ils ont faits pour perpétuer de vaines opinions, que les hommes éclairés avaient dès longtemps reléguées dans la classe des erreurs, pour imposer aux esprits un joug à l'aide duquel ils espéraient prolonger leur crédit ou étendre leurs richesses. Que ces corps soient des ordres de moines, des congrégations de demi-moines, des universités, de simples corporations, le danger est égal. L'instruction qu'ils donneront aura toujours pour but non le progrès des lumières, mais l'augmentation de leur pouvoir; non d'enseigner la vérité, mais de perpétuer les préjugés utiles à leur ambition.

(VII, p. 205.)

La puissance publique ne peut pas établir un corps de doctrine qui doive être enseigné exclusivement.

Le devoir, comme le droit de la puissance publique, se borne donc à fixer l'objet de l'instruction et à s'assurer qu'il sera bien rempli.

La puissance publique doit donc, après avoir fixé l'objet et l'étendue de chaque instruction, s'assurer qu'à chaque époque le choix des maîtres et celui des livres ou des méthodes sera d'accord avec la raison des hommes éclairés, et abandonner le reste à leur influence.

(P. 207.)

La Constitution de chaque nation ne doit faire partie de l'instruction que comme un fait.

On a dit que l'enseignement de la Constitution de chaque pays devait y faire partie de l'instruction nationale. Cela est vrai, sans doute, si on en parle comme d'un fait ; si on se contente de l'expliquer et de la développer ; si, en l'enseignant, on se borne à dire : « Telle est la Constitution établie dans l'État et à laquelle tous les citoyens doivent se soumettre. » Mais, si on entend qu'il faut l'enseigner comme une doctrine conforme aux principes de la raison universelle, ou exciter en sa faveur un aveugle enthousiasme qui rende les citoyens incapables de la juger ; si on leur dit : « Voilà ce que vous devez adorer et croire », alors c'est une espèce de religion politique que l'on veut créer ; c'est une chaîne que l'on prépare aux esprits, et on viole la liberté dans ses droits les plus sacrés, sous prétexte d'apprendre à la chérir. Le but de l'instruction n'est pas de faire admirer aux hommes une législation toute faite, mais de les rendre capables de l'apprécier et de la corriger. Il ne s'agit pas de soumettre chaque génération aux opinions comme à la volonté de celle qui la précède, mais de les éclairer de plus en plus, afin que chacun devienne de plus en plus digne de se gouverner par sa propre raison.

(VII, p. 212.)

IL EST NÉCESSAIRE QUE LES FEMMES PARTAGENT L'INSTRUC-TION DONNÉE AUX HOMMES

1º *Pour qu'elles puissent surveiller celle de leurs enfants.*
L'instruction publique, pour être digne de ce nom, doit s'étendre à la généralité des citoyens. Il est impossible que les enfants en profitent si, bornés aux leçons qu'ils reçoivent d'un maître commun, ils n'ont pas un instituteur domestique qui puisse veiller sur leurs études dans l'intervalle des leçons, les préparer à les recevoir, leur en faciliter l'intelligence, suppléer enfin à ce qu'un moment d'absence ou de distraction a pu leur faire perdre. Or, de qui les enfants des citoyens pauvres pourraient-ils recevoir ces secours, si ce n'est de leurs mères, qui, vouées aux soins de leur famille, ou livrées à des travaux sédentaires, semblent appelées à remplir ce devoir ; tandis que les travaux des hommes, qui, presque toujours, les occupent au dehors, ne leur permettraient pas de s'y consacrer.

(P. 218.)

2º *Parce que le défaut d'instruction des femmes introduirait dans les familes une inégalité contraire à leur bonheur.*
D'ailleurs, on ne pourrait l'établir pour les hommes seuls sans introduire une inégalité marquée, non seulement entre le mari et la femme, mais entre le frère et la sœur, et même entre le fils et la mère. Or, rien ne serait plus contraire à la pureté et au bonheur des mœurs domestiques. L'égalité est partout, mais surtout dans les familles, le premier élément de la félicité, de la paix et des vertus. Quelle autorité

pourrait avoir la tendresse maternelle, si l'ignorance dévouait les mères à devenir pour les enfants un objet de ridicule ou de mépris ?   (P. 219.)

3° Parce que c'est un moyen de faire conserver aux hommes les connaissances qu'ils ont acquises dans leur jeunesse.

J'ajouterai encore que les hommes qui ont profité de l'instruction publique en conserveront bien plus aisément les avantages, s'ils trouvent dans leurs femmes une instruction à peu près égale, s'ils peuvent faire avec elles les lectures qui doivent entretenir leurs connaissances, si, dans l'intervalle qui sépare leur enfance de leur établissement, l'instruction qui leur est préparée pour cette époque n'est point étrangère aux personnes vers lesquelles un penchant naturel les entraîne.

4° Parce que les femmes ont le même droit que les hommes à l'instruction publique.

Enfin, les femmes ont les mêmes droits que les hommes ; elles ont donc celui d'obtenir les mêmes facilités pour acquérir les lumières qui seules peuvent leur donner les moyens d'exercer réellement ces droits, avec une même indépendance et dans une égale étendue.

L'instruction doit être donnée en commun, et les femmes ne doivent pas être exclues de l'enseignement.

Puisque l'instruction doit être généralement la même, l'enseignement doit être commun, et confié à un même maître qui puisse être choisi indifféremment dans l'un ou l'autre sexe.   (P. 221.)

Nécessité de cette réunion pour la facilité et l'économie de l'instruction.

La réunion des enfants des deux sexes, dans une même école, est presque nécessaire pour la première éducation. Il serait difficile d'en établir deux dans chaque village, et de trouver, surtout dans les premiers temps, assez de maîtres, si on se bornait à les choisir dans un seul sexe.

(P. 221.)

Elle est utile aux mœurs, loin de leur être dangereuse.

D'ailleurs, cette réunion, toujours en public, et sous les yeux des maîtres, loin d'avoir du danger pour les mœurs, serait bien plutôt un préservatif contre ces diverses espèces de corruption dont la séparation des sexes, vers la fin de l'enfance, ou dans les premières années de la jeunesse, est la principale cause. A cet âge, les sens égarent l'imagination, et trop souvent l'égarent sans retour, si une douce espérance ne la fixe pas sur des objets plus légitimes. Ces habitudes, avilissantes ou dangereuses, sont presque toujours les erreurs d'une jeunesse trompée dans ses désirs, condamnée à la corruption par l'ennui, et atteignant dans de faux plaisirs une sensibilité qui tourmente sa triste et solitaire servitude.

(P. 222.)

LA RÉUNION DES DEUX SEXES DANS LES MÊMES ÉCOLES EST FAVORABLE À L'ÉMULATION, ET EN FAIT NAITRE UNE QUI A POUR PRINCIPE DES SENTIMENTS DE BIENVEILLANCE, NON DES SENTIMENTS PERSONNELS, COMME L'ÉMULATION DES COLLÈGES

Quelques personnes pourraient craindre que l'instruction

nécessairement prolongée au delà de l'enfance ne soit écoutée avec trop de distraction par des êtres occupés d'intérêts plus vifs et plus touchants ; mais cette crainte est peu fondée. Si ces distractions sont un mal, il sera plus que compensé par l'émulation qu'inspirera le désir de mériter l'estime de la personne aimée, ou d'obtenir celle de sa famille. Une telle émulation serait plus généralement utile que celle qui a pour principe l'amour de la gloire ou plutôt l'orgueil, car le véritable amour de la gloire n'est ni une passion d'enfant, ni un sentiment fait pour devenir général dans l'espèce humaine. Vouloir l'inspirer aux hommes médiocres (et des hommes médiocres peuvent cependant obtenir les premiers prix dans leur classe), c'est les condamner à l'envie. Ce dernier genre d'émulation, en excitant les passions haineuses, en inspirant à des enfants le sentiment ridicule d'une importance personnelle, produit plus de mal qu'il ne peut faire de bien en augmentant l'activité des esprits.

La vie humaine n'est point une lutte où des rivaux se disputent des prix ; c'est un voyage que des frères font en commun, et où chacun, employant ses forces pour le bien de tous, en est récompensé par les douceurs d'une bienveillance réciproque, par la jouissance attachée au sentiment d'avoir mérité la reconnaissance et l'estime. Une émulation qui aurait pour principe le désir d'être aimé, ou celui d'être considéré pour des qualités absolues, et non pour sa supériorité sur autrui, pourrait devenir aussi très puissante ; elle aurait l'avantage de développer et de fortifier les sentiments dont il est utile de faire prendre l'habitude ; tandis que ces couronnes de nos collèges, — sous lesquelles un écolier se croit déjà un grand homme, — ne font naître qu'une vanité puérile, dont une sage instruction devrait chercher à nous préserver. L'habitude de vouloir être le premier est un ridicule et un malheur pour celui à qui on la fait contracter, et une véritable calamité pour ceux que le sort condamne à vivre auprès de lui. Le besoin de mériter l'estime conduit, au contraire, à cette paix intérieure, qui seule rend le bonheur possible et la vertu facile.

(VII. p. 224.)

Deuxième mémoire :

DE L'INSTRUCTION COMMUNE POUR LES ENFANTS

La première partie de ce livre [livre élémentaire pour les enfants qui apprennent à lire] doit contenir une suite de mots qui ne forment pas un sens suivi. On choisirait ceux qu'un enfant peut entendre, et dont il est inutile de lui donner une intelligence plus précise. A la suite de ces mots, on placerait un très petit nombre de phrases extrêmement simples, dont il pourrait également comprendre le sens, et qui exprimeraient quelques-uns des jugements qu'il a pu porter, ou quelques-unes des observations qu'il a pu faire sur les objets qui se présentent habituellement à lui, de manière qu'il y reconnût l'expression de ses propres idées. L'explication de ces mots, donnée à mesure que les enfants apprendraient à les lire et à les écrire, deviendrait pour eux un exercice amusant, une espèce de jeu dans lequel se développerait leur émulation naissante, au sein d'une gaieté qui défendrait au triste orgueil d'approcher de ces âmes encore pures et naïves.

(VII, p. 233-236.)

Histoires destinées à réveiller les premiers sentiments moraux.

Une seconde partie renfermerait de courtes histoires morales, propres à fixer leur attention sur les premiers sentiments que, suivant l'ordre de la nature, ils doivent éprouver. On aurait soin d'en écarter toute maxime, toute réflexion, parce qu'il ne s'agit point encore de leur donner des principes de conduite ou de leur enseigner des vérités, mais de les disposer à réfléchir sur leurs sentiments, et de les préparer aux idées morales qui doivent naître un jour de ces réflexions.

Les premiers sentiments auxquels il faut exercer l'âme des enfants, et sur lesquels il est utile de l'arrêter, sont la pitié pour l'homme et pour les animaux, une affection habituelle pour ceux qui nous ont fait du bien, et dont les actions nous en montrent le désir : affection qui produit la tendresse filiale et l'amitié. Ces sentiments sont de tous les âges ; ils sont fondés sur des motifs simples et voisins de nos sensations immédiates de plaisir ou de peine ; ils existent dans notre âme aussitôt que nous pouvons avoir l'idée distincte d'un individu, et nous n'avons besoin que d'en être avertis pour apprendre à les apercevoir, à les reconnaître, à les distinguer.

La pitié pour les animaux a le même principe que la pitié pour les hommes. L'une et l'autre naissent de cette

douleur irréfléchie et presque organique, produite en nous
par la vue ou par le souvenir des souffrances d'un autre être
sensible. Si on habitue un enfant à voir souffrir des animaux
avec indifférence ou même avec plaisir, on affaiblit, on
détruit en lui, même à l'égard des hommes, le germe de la
sensibilité naturelle, premier principe actif de toute moralité
comme de toute vertu, et sans lequel elle n'est plus qu'un
calcul d'intérêt, qu'une froide combinaison de la raison.

Gardons-nous donc d'étouffer ce sentiment dans sa
naissance; conservons-le, comme une plante faible encore,
qu'un instant peut flétrir et dessécher pour jamais. N'ou-
blions pas surtout que dans l'homme occupé de travaux
grossiers qui émoussent sa sensibilité et le ramènent aux sentiments personnels, l'habitude de la dureté produit cette
disposition à la férocité qui est le plus grand ennemi des
vertus et de la liberté du peuple, la seule excuse des tyrans,
le seul prétexte spécieux de toutes les lois inégales. Rendons
le peuple sensible et doux, pour qu'on ne s'effraye plus de
voir la puissance résider entre ses mains et pour qu'on ne se
repente pas de l'avoir rétabli dans tous ses droits. Donnons-
lui cette humanité qui peut seule lui apprendre à les exercer avec une généreuse modération. L'homme compatissant
n'a pas besoin d'être éclairé pour être bon, et la plus
simple raison lui suffit pour être vertueux...

Dans toute l'étendue des sciences morales, on aura soin
de substituer l'analyse aux définitions et de ne nommer
une idée qu'après l'avoir fixée dans l'esprit des élèves en
les obligeant à l'acquérir, à l'analyser, à la circonscrire
eux-mêmes. C'est alors que la justesse qui dépend unique-

ment de la précision dans les idées pourra devenir générale, et ne restera plus le privilège exclusif d'hommes qui ont cultivé leur esprit. C'est alors que la raison, devenue populaire, sera vraiment le patrimoine commun des nations entières.

(VII, p. 236.)

INSTRUCTION DE LA TROISIÈME ANNÉE

... On ne peut, dans aucun genre, enseigner ou démontrer une vérité, si celui à qui on veut l'apprendre n'est pas d'avance amené au point où il ne lui faudrait qu'un peu d'attention ou de force de tête pour la trouver lui-même. L'enseignement ne consiste qu'à présenter le fil qui a conduit les inventeurs. Cette méthode (qui ne serait peut-être dans les sciences mathématiques qu'une exagération du principe de se conformer dans l'enseignement à la marche naturelle de l'esprit et qui n'y servirait qu'à retarder les progrès des élèves), est nécessaire dans l'enseignement de la morale, parce que les idées ne s'y forment ni par la vue d'objets sensibles, ni par des combinaisons précises d'idées abstraites, mais (du moins pour ces notions premières), par la réflexion de chaque individu sur son sentiment intérieur.

(VII, p. 252.)

UTILITÉ DE FAIRE ÉLEVER UN CERTAIN NOMBRE D'ENFANTS AUX DÉPENS DU PUBLIC

La puissance publique n'aurait pas rempli le devoir de maintenir l'égalité et de mettre à profit tous les talents naturels, si elle abandonnait à eux-mêmes les enfants des familles pauvres qui en auraient montré le germe dans leurs premières études. Il faut donc, dans chacune des villes où se trouvent les établissements du second degré, une ou plutôt deux maisons d'éducation, où l'on élève aux dépens de la nation un nombre déterminé de ces enfants. En effet on doit établir une de ces maisons pour chaque sexe ; c'est dans l'instruction seule, et non dans l'éducation, qu'il peut être utile de les réunir. Il serait bon que ces maisons pussent être ouvertes aux enfants entretenus par leurs parents ; non seulement on diminuerait par là les frais de ces établissements, mais c'est le seul moyen qu'ait la puissance publique d'influer sur l'éducation, sans attenter à l'indépendance des familles.

Le but principal de la dépense que s'impose alors une nation est de développer les talents dont on prévoit l'utilité. Ce n'est point une famille qu'on veut secourir ou récompenser : c'est un individu que l'on veut former pour la patrie. On peut donc y appeler également tous les enfants, et confondre par là un honneur avec un secours ; alors cette institution d'enfants élevés aux dépens de l'État devient un moyen d'émulation, et d'une émulation qui ne peut être nuisible...

Je voudrais donc que les enfants des familles riches fussent aussi, lorsqu'ils le mériteraient, élevés aux dépens du public, que les parents ne vissent dans ce choix qu'une distinction honorable.

(VII, p. 273.)

Mais la préférence, à mérite égal, sera toujours pour le pauvre.

(VII, p. 276.)

MOTIFS DE L'IMPORTANCE ATTACHÉE
AUX SCIENCES PHYSIQUES

On trouvera peut-être que l'on accorde trop à l'étude des sciences physiques. Mais cette étude, étendue à la généralité des citoyens, est le seul moyen de répandre une lumière pure sur toutes les parties de l'économie domestique et rurale, et de les porter rapidement au degré de perfection qu'elles peuvent atteindre, et dont elles sont encore si éloignées.

Il est, d'ailleurs, une observation importante que nous ne devons pas laisser échapper. Ces actions nuisibles, qui ne peuvent être du ressort des lois, dont chacune ne fait à la société qu'un mal insensible, mais dont l'habitude lui est funeste, tous ces vices corrupteurs qui infectent la masse des grandes nations, ont pour premier principe cet ennui habituel, né du défaut d'une occupation dont l'intérêt empêche de sentir le poids du temps et le vide d'une âme fatiguée ou épuisée...

Si les connaissances acquises dans leur éducation ne leur offrent pas une occupation facile et agréable qui leur promette quelque estime, il faut nécessairement qu'ils cherchent des ressources contre l'ennui, dans l'intrigue, dans le jeu, dans la poursuite de la fortune ou des plaisirs. Or, une éducation qui leur aurait fait parcourir les éléments d'un grand nombre de sciences, qui les aurait rendus capables de les cultiver, deviendrait pour eux une ressource inépuisable.

Les sciences offrent un intérêt toujours renaissant, parce que toujours elles font des progrès, parce que leurs appli-

cations se varient à l'infini, se prêtent à toutes les circonstances, à tous les genres d'esprit, à toutes les variétés de
caractère, comme à tous les degrés d'intelligence et de
mémoire. Toutes ont l'avantage de donner aux esprits plus
de justesse et de finesse à la fois, de faire contracter l'habitude de penser, et le goût de la vérité. C'est dans la culture des sciences, dans la contemplation des grands objets
qu'elles présentent, que l'homme vertueux apprendra sans
peine à se consoler de l'injustice du peuple et des succès de
la perversité ; qu'il prendra l'habitude d'une philosophie
à la fois indulgente et courageuse; qu'il pourra pardonner
aux hommes sans avoir besoin de les mépriser, et les oublier
sans cesser de les aimer et de les servir.

(VII, p. 285.)

Troisième mémoire :

SUR L'INSTRUCTION COMMUNE POUR LES HOMMES
(VIII, 324-371.)

*L'instruction politique ne doit pas se borner à la connais-
sance des lois faites, mais s'étendre à celle des principes et des
motifs des lois proposées.*

(P. 327.)

On aurait besoin, dans cette instruction, de rapporter
aux *Droits de l'Homme* toutes les dispositions des lois, toutes
les opérations administratives, tous les moyens comme
tous les principes. La *Déclaration des Droits* serait l'échelle
commune à laquelle tout serait comparé, par laquelle tout
serait mesuré... Ainsi, en ne parlant aux hommes que de
ces droits communs à tous — dans l'exercice desquels toute
violation de l'égalité est un crime — on ne leur parlera

de leurs intérêts qu'en leur montrant leurs devoirs : toute leçon de politique en sera une de justice.

(VII, p. 327.)

On pourrait, en imitant Plutarque, donner la vie des hommes illustres modernes, et l'on préférerait les compatriotes.

Il ne serait pas difficile d'écrire philosophiquement la vie chevaleresque de Bayard ou de Duguesclin. Les hommes, devenus égaux sous l'empire de la raison, peuvent contempler avec plaisir, comme avec justice, au milieu de l'espèce humaine avilie, les âmes vraiment nobles que les préjugés qui les asservissaient n'avaient pu dégrader et qu'une fausse hauteur n'avait pas rabaissées.

(VII, p. 350.)

DÉVELOPPEMENT DU SENS MORAL

L'instruction morale doit avoir pour but de fortifier les habitudes vertueuses, et de prévenir ou de détruire les autres.

La morale ne doit pas se borner uniquement à des préceptes : il faut accoutumer les hommes à réfléchir sur leurs propres actions, à savoir les juger d'après ces préceptes.

Il faut, sinon perfectionner, du moins conserver en eux *le sens moral* qu'ils ont reçu de la nature, et que l'instruction a développé.

La plupart des hommes ne trouvent dans la vie commune que des devoirs simples, journaliers, faciles à remplir ; et leur sens moral s'affaiblirait si, en mettant sous leurs yeux

les actions des autres hommes, on n'exerçait point —
par les mouvements qu'ils excitent en eux — ce sentiment
intime si prompt, si délicat dans ceux qui l'ont cultivé, si
lent, si grossier dans presque tous les autres. Ces exemples
s'attachent à chaque précepte, le gravent dans la mémoire
à côté d'eux, en deviennent en quelque sorte le développement et la preuve.

(VII, p. 328.)

Rien ne serait plus utile que de faire contracter à ceux
même qui réfléchissent le moins, l'habitude de juger de
leurs propres actions, de travailler à les régler sur les principes de la morale, de chercher à se perfectionner eux-
mêmes ; et, pour cela, il faudrait donner en quelque sorte
à cette habitude une marche technique.

Quoique les principes de la morale monastique n'aient
été ni purs, ni justes, ni élevés, cependant la longue attention qu'un grand nombre d'hommes, placés à la tête des
monastères, ont été obligés de faire successivement sur
l'instruction morale des individus confiés à leurs soins et
soumis à leur autorité, l'importance que ces mêmes hommes
attachaient à dominer les opinions et les sentiments encore
plus que les actions, ont dû à la longue leur faire naître des
idées utiles à leurs projets, et qu'on peut employer avec
succès pour des vues plus grandes et plus désintéressées.
Tel est l'usage d'un *examen de conscience* habituel, destiné
à faciliter les progrès de la vertu, en montrant ou ceux que
l'on a faits, ou les obstacles qui les ont retardés.

Cette idée peut être applicable jusqu'à un certain point
à la masse entière de la société. Il serait facile de former un
tableau simple et raisonné des actions, bonnes ou mau-

vaises, vers lesquelles on est porté par les circonstances communes de la vie, en plaçant, à côté de chacune, les motifs qui doivent déterminer à l'éviter ou à la faire, en indiquant le principe de morale auquel elle se rapporte, les suites qu'elle peut entraîner. Ce tableau ne renfermerait pas les violations graves, réfléchies, des règles de la morale, mais les petites atteintes qu'on s'accoutume à y porter, les habitudes qui y conduisent, les imprudences qui y exposent. En se rappelant une telle action, on verrait quel principe la condamne. Et, en lisant ce principe, l'action par laquelle on l'a violé viendrait se replacer dans la mémoire et troubler la conscience ; car le tableau devrait être disposé de manière à pouvoir remplir ce double objet avec une égale facilité, et donner une réponse à ces deux questions :

Parmi les actions que j'ai faites, n'en est-il aucune que je doive me reprocher ? Et quel reproche mérite-t-elle ?

Parmi ces principes de morale pratique, n'en est-il aucun que j'aie violé ?...

Ce tableau aurait de même un double objet : sous un point de vue, il renfermerait le *système méthodique des règles de la morale* ; sous un autre, celui des *diverses classes d'actions* auxquelles ces principes se rapportent. —

Au moyen de ces tableaux, un homme pourrait, sans une grande habitude de réflexion, et avec l'instruction la plus commune, faire des progrès dans la morale pratique, suppléer aux lumières qui lui manquent, et en acquérir de nouvelles machinalement et presque sans travail. Ces tableaux différeraient entre eux, en ce que l'un contiendrait surtout les *Principes essentiels de la morale* ; l'autre, *les règles de conduite*, qui en sont la conséquence. L'un se rapporterait aux actions graves, importantes ; l'autre, aux habitudes, aux détails de la vie commune. L'un montrerait le rapport des actions avec la règle du droit ; l'autre avec leurs conséquences pour la moralité de celui qui les fait. L'un apprendrait à juger les actions, à prononcer entre deux conduites opposées ; l'autre à reconnaître les effets d'une habitude pour les prévenir ou en profiter...

Lorsqu'on voit que dans un pays, sur un nombre donné d'hommes nés dans un même jour, il subsiste encore la moitié après 40 ans, tandis que, dans un autre (pays), avant la fin de la troisième ou même de la seconde année déjà, plus de la moitié a cessé de vivre, et que dans le reste le même point se trouve placé à des hauteurs inégales entre ces deux extrêmes, on ne peut s'empêcher de voir combien le perfectionnement de l'éducation physique peut avoir d'influence sur la durée de la vie pour l'accroissement de la population : il importe moins de multiplier les hommes que de savoir les conserver.

(VII, p. 328, 338.)

LES MŒURS

Je n'insiste point sur ce qu'on appelle *les mœurs*. Veut-on en inspirer ? Qu'on éloigne, au lieu de les fortifier, ces idées chimériques de pureté, ces sentiments d'une horreur machinale, qui ne sont l'ouvrage ni de la nature ni de la raison ; mais qu'on apprenne aux enfants que celui qui se fait un jeu des peines d'un autre, ou en sacrifie le bonheur à ses fantaisies, n'est qu'un homme dur et barbare, qui, en plaisantant avec légèreté sur son crime, l'aggrave et ne l'excuse pas ; que la mode peut absoudre, mais que l'humanité condamne. Faites en sorte qu'un acte d'inhumanité répugne, pour ainsi dire, à leur organisation ; ne les bornez pas à cette probité grossière qui ne respecte dans autrui que son argent : qu'ils sachent que le soin de conserver les forces nécessaires pour remplir l'étendue de leurs devoirs, en est un aussi réel, aussi sacré. Ralliez, d'un côté, les mœurs à l'intérêt personnel, en les présentant comme un régime nécessaire au bonheur; attachez-les, de l'autre, aux grands principes de la morale. Si vous éloignez ensuite les enfants de l'oisiveté ; si vous leur donnez le goût du travail, si vous faites naître le besoin de la bienveillance, de l'estime d'autrui et de la leur, alors soyez sûrs qu'ils auront des mœurs. Et s'ils en manquent, ne désespérez encore ni de leurs talents, ni même de leurs vertus !

(VII, p. 340.)

LES EFFETS D'UN NOUVEAU SYSTÈME D'INSTRUCTION
NE PEUVENT ÊTRE QUE GRADUELS

On se tromperait si l'on croyait pouvoir recueillir, dès les premières années, les fruits de l'instruction la mieux combinée; de la porter, à l'instant de son établissement, à toute la perfection dont elle est susceptible. Tout est ici à former à la fois : les pères dignes d'être instituteurs, les mères capables de surveiller et de suivre l'éducation, les maîtres propres à une nouvelle forme d'enseignement, les livres qui doivent être dirigés vers un but commun, les bibliothèques, les cabinets, les jardins des plantes distribués dans tous les chefs-lieux d'instruction. Et tout cela ne peut être que l'ouvrage du temps, d'une attention longtemps soutenue.

(VII, p. 371.)

L'UNION DE LA PHILOSOPHIE A LA POLITIQUE SERA UN DES PREMIERS AVANTAGES DE LA RÉFORME DE L'INSTRUCTION

Une des principales utilités d'une nouvelle forme d'instruction, une de celles qui peuvent le plus tôt se faire sentir, c'est celle de porter la philosophie dans la politique, ou plutôt de les confondre...

Il n'existe, en effet, que deux espèces de politique : celle des philosophes qui s'appuie sur le droit naturel et sur la raison, et celle des intrigants, qu'ils fondent sur leur intérêt et que, pour trouver des dupes, ils colorent par des principes de convenance et des prétextes d'utilité...

Une fausse instruction produit la présomption. Une instruction raisonnable apprend à se défier de ses propres connaissances. L'homme peu instruit, mais bien instruit, sait reconnaître la supériorité qu'un autre a sur lui, et il en convient sans peine. Ainsi, une éducation qui accoutume à sentir le prix de la vérité, à estimer ceux qui la découvrent ou qui savent l'employer, est le seul moyen d'assurer la félicité et la liberté d'un peuple.

(VII, p. 375-378.)

Quatrième mémoire :

SUR L'INSTRUCTION RELATIVE AUX PROFESSIONS
(VII, p. 372-411.)

Les Fenêtres

Je connais un pays où les pauvres n'avaient pas de fenêtres il y a 40 ans, et ne recevaient le jour que par la moitié supérieure de la porte que l'on était obligé de laisser ouverte. J'ai vu l'usage des fenêtres devenir général. Le changement sera peut-être très indifférent au bonheur de la génération suivante. Mais il a été un véritable bien pour ceux qui en ont joui les premiers.

C'est précisément une augmentation toujours progressive de jouissance pour les pauvres que l'on doit attendre de ce progrès général des métiers mécaniques, résultat nécessaire d'une instruction bien combinée.

Elle aura, de plus, l'avantage d'établir une égalité plus grande entre les hommes qui pratiquent les arts.

Nous touchons à une grande révolution, dans l'application des sciences physiques et chimiques aux besoins et au bonheur des hommes. Encore quelques rochers à franchir, et un horizon immense va se développer à nos regards. Tout annonce une de ces époques heureuses où l'esprit humain, passant tout à coup de l'obscurité des pénibles recherches au jour brillant que lui offrent les grands résultats, jouit en un jour des travaux de plusieurs générations.

(VII, p. 380 et 400.)

Cinquième mémoire :

SUR L'INSTRUCTION RELATIVE AUX SCIENCES

(VII, p. 412-438.)

Enseignement des sciences morales

L'enseignement de la métaphysique, de l'art de raisonner des différentes branches des sciences politiques doit être regardé comme absolument nouveau. Il faut d'abord les délivrer de toutes les chaînes de l'autorité, de tous les liens religieux ou politiques. Il faut oser tout examiner, tout discuter, tout enseigner même...

(VII, p. 415.)

Enseignement de l'histoire

L'enseignement de l'histoire demande une attention particulière. Ce vaste champ d'observations morales faites en grand peut offrir une abondante moisson de vérités utiles. Mais presque tout ce qui existe d'histoire serait plus propre à séduire les esprits qu'à les éclairer.

Il nous faut donc une histoire toute nouvelle qui soit surtout celle des droits des hommes, des vicissitudes auxquelles ont été partout assujetties et la conscience et la jouissance de ces droits ; une histoire où, mesurant d'après cette base unique la prospérité et la sagesse des nations, l'on suivrait, chez chacune, les progrès et la décadence de l'inégalité sociale, source presque unique des biens et des maux de l'homme civilisé.

(VII, p. 417, 419.)

Conclusion du cinquième mémoire

Telles sont, sur l'instruction publique, les idées dont j'ai cru devoir l'hommage à mon pays. Elles sont le produit d'une longue suite de réflexions, d'observations constantes sur la marche de l'esprit humain dans les sciences et dans la philosophie.

Longtemps j'ai considéré ces vues comme des rêves, qui ne devaient se réaliser que dans un avenir indéterminé et pour un monde où je n'existerai plus. Un heureux événement a tout à coup ouvert une carrière immense aux espérances du genre humain. Un seul instant a mis un siècle de distance entre l'homme du jour et celui du lendemain,

Des esclaves, dressés pour le service ou le plaisir d'un maître, se sont réveillés, étonnés de n'en plus avoir, de sentir que leurs forces, leurs industries, leurs idées, leur volonté n'appartenaient plus qu'à eux-mêmes...

Aussi cette révolution n'est-elle pas celle d'un gouvernement : c'est celle des opinions et des volontés. Ce n'est pas le trône d'un despote qu'elle renverse, c'est celui de l'erreur et de la servitude volontaires...

L'éducation n'avait point appris aux individus des classes usurpatrices à se contenter de n'être qu'eux-mêmes : ils avaient besoin d'appuyer leur nullité personnelle sur des titres, de lier leur existence à celle d'une corporation. Chacun s'identifiait tellement à la qualité des *nobles*, des *juges*, des *prêtres*, qu'à peine se souvenait-on qu'on était aussi un homme. Ils croyaient ce qu'on devait croire dans une telle profession ; ils voulaient ce qu'il était d'usage de vouloir. En les séparant de tout ce qui leur était étranger, on leur a tout ôté, et ils se croient anéantis, parce qu'il ne leur reste plus que leur seule personne...

Plaignons-les de ne pas jouir de voir l'homme rétabli dans ses droits, la terre affranchie de ses antiques servitudes, l'industrie délivrée de ses fers, la nature humaine sortie de l'humiliation, les opinions rendues à l'indépendance... Plaignons-les de ne pas éprouver un plaisir nouveau à respirer un air libre, de ne pas trouver, dans l'égalité, la douceur de n'être plus entourés d'hommes qui avaient à leur demander compte d'une usurpation ou d'une injustice...

Mais qu'ils permettent au moins à un homme libre d'oser, au nom de l'humanité consolée, remercier les auteurs de tant de bienfaits d'avoir rendu possible tout ce que la philosophie avait osé concevoir pour le bonheur des hommes et d'avoir ouvert au génie une carrière qu'il n'est plus désormais au pouvoir des oppresseurs de lui fermer.

... Qu'importe à celui qui peut faire aux hommes un bien éternel, d'être méconnu un instant, et de perdre des suffrages qui lui auraient peut-être mérité des honneurs de quelques jours ? Regrettera-t-il qu'on l'ait empêché d'être utile ? Mais il le sera bien plus sûrement en remplissant sa noble carrière. Qu'il ait donc le courage de braver la calomnie comme la persécution et de n'y voir qu'une preuve glorieuse de ses services, plus attestés par ces cris des enne-mis de la chose publique, toujours éclairés de leurs intérêts, que par les applaudissements de ses faibles amis, souvent si faciles à égarer !

(VII, p. 434, 435, 436, 437.)

III

CONDORCET MEMBRE
DE L'ASSEMBLÉE LÉGISLATIVE
(1ᵉʳ octobre 1791-21 septembre 1792)

Rapport et projet de décret sur l'organisation générale de l'instruction publique, présentés à l'Assemblée nationale au nom du Comité d'instruction publique les 20 et 21 avril 1792

(Rapport VII, p. 441, VII, 529-574.)

Rapport présenté par M. Condorcet, député du département de Paris, les 20 et 21 avril 1792; imprimé par ordre de l'Assemblée nationale.

(VII, p. 449-574.)

Messieurs,

Offrir à tous les individus de l'espèce humaine les moyens de pourvoir à leurs besoins, d'assurer leur bien-être, de connaître et d'exercer leurs droits, d'entendre et de remplir leurs devoirs;

Assurer à chacun d'eux la facilité de perfectionner son industrie, de se rendre capable des fonctions sociales auxquelles il a droit d'être appelé, de développer toute l'étendue de talents qu'il a reçus de la nature et, par là, établir, entre les citoyens, une égalité de fait, rendre réelle l'égalité politique reconnue par la loi :

Tel doit être le premier but d'une instruction nationale ; et, sous ce point de vue, elle est pour la puissance publique un devoir de justice.

(VII, p. 449.)

Diriger l'enseignement de manière que la perfection des arts augmente la jouissance de la généralité des citoyens et l'aisance de ceux qui les cultivent, qu'un plus grand nombre d'hommes deviennent capables de bien remplir les fonctions nécessaires à la société et que les progrès toujours croissants des lumières ouvrent une source inépuisable de secours dans nos besoins, de moyens de bonheur individuel et de propriété commune ;

Cultiver enfin dans chaque génération les facultés physiques, intellectuelles et morales ;

Et par là contribuer à un perfectionnement général et graduel de l'espèce humaine, dernier but vers lequel toute institution sociale doit être dirigée :

Tel doit être l'objet de l'instruction.

Et c'est pour la puissance publique un devoir, imposé par l'intérêt commun de la société, par celui de l'humanité entière.

(VII, p. 450.)

L'instruction ne doit dépendre que de l'Assemblée des représentants du peuple

Nous avons pensé que, dans ce plan d'organisation générale, notre premier soin devait être de rendre, d'un côté, l'éducation aussi égale, aussi universelle ; de l'autre, aussi complète que les circonstances pouvaient le permettre ;

qu'il fallait donner, à tous également, l'instruction qu'il est possible d'étendre sur tous, mais ne refuser à aucune portion des citoyens l'instruction plus élevée qu'il est impossible de faire partager à la masse active des individus ;

établir l'une, parce qu'elle est utile à ceux qui la reçoivent, et l'autre, parce qu'elle l'est à ceux mêmes qui ne la reçoivent pas.

La première condition de toute instruction étant de n'enseigner que des vérités, les établissements que la puissance publique y consacrera doivent être aussi indépendants qu'il est possible de toute autorité politique.

Et, — comme, néanmoins, cette indépendance ne peut être absolue, — il résulte du même principe qu'il faut ne les rendre dépendants que de l'Assemblée des Représentants du Peuple, parce que de tous les pouvoirs il est le moins corruptible, le plus éloigné d'être entraîné par des intérêts particuliers, le plus soumis à l'influence de l'opinion générale des hommes éclairés, et surtout parce que, étant celui de qui émanent essentiellement tous les changements, il est dès lors le moins ennemi du progrès des lumières, le moins opposé aux améliorations que ce progrès doit amener.

(VII, p. 451.)

L'instruction assurée à tous

Nous avons observé enfin que l'instruction ne devait pas abandonner les individus au moment où ils sortent des écoles, qu'elle devait embrasser tous les âges, qu'il n'y en avait aucun où il ne fût utile et possible d'apprendre, et que cette seconde instruction est d'autant plus nécessaire que celle de l'enfance a été resserrée dans des bornes plus étroites. C'est là même une des causes principales de l'ignorance où les classes pauvres de la société sont plongées : la possibilité de recevoir une première instruction leur manquait encore moins que celle d'en conserver les avantages.

Nous n'avons pas voulu qu'un seul homme, dans l'empire, pût dire désormais : « La loi m'assurait une entière égalité de droits, mais on me refuse les moyens de la connaître. Je ne dois dépendre que de la loi, mais mon ignorance me rend dépendant de tout ce qui m'entoure. On m'a bien appris dans mon enfance ce que j'avais besoin de savoir : mais, forcé de travailler pour vivre, ces premières notions se sont bientôt effacées, et il ne m'est resté que la douleur de sentir dans mon ignorance, non la volonté de la nature, mais l'injustice de la société. »

Nous avons cru que la puissance publique devait dire aux citoyens pauvres : « La fortune de vos parents n'a pu vous procurer que les connaissances les plus indispensables, mais on vous assure des moyens faciles de les conserver et de les étendre. Si la nature vous a donné des talents, vous pourrez les développer, et ils ne seront perdus ni pour vous ni pour la Patrie. »

Ainsi l'instruction doit être universelle, c'est-à-dire s'étendre à tous les citoyens.

Elle doit être répartie avec toute l'égalité que permettent les limites nécessaires de la dépense, la distribution des hommes sur le territoire et le temps plus ou moins long que les enfants peuvent y consacrer.

Elle doit, dans ses divers degrés, embrasser le système entier des connaissances humaines, et assurer aux hommes, dans tous les âges de la vie, la facilité de conserver leurs connaissances ou d'en acquérir de nouvelles.

Enfin, aucun pouvoir public ne doit avoir ni l'autorité ni même le crédit d'empêcher le développement des vérités nouvelles, l'enseignement des théories contraires à la politique particulière ou des intérêts momentanés.

Tels ont été les principes qui nous ont guidés dans notre travail.

(VII, p. 452-453.)

Degrés de l'instruction

Nous avons distingué *cinq* degrés d'instruction, sous le nom :

1º D'écoles primaires ;
2º D'écoles secondaires ;
3º D'instituts ;
4º De lycées (1) ;
5º De société nationale de sciences et des arts.

Premier degré : Les écoles primaires.

On enseigne, dans les écoles primaires, ce qui est nécessaire à chaque individu pour se conduire lui-même et jouir de la plénitude de ses droits. Cette instruction suffira même à ceux qui profiteront des leçons données aux hommes pour

(1) « Dans les quatre premiers degrés d'instruction, l'enseignement sera totalement gratuit » (Observation de Condorcet), VII, p. 490.

les rendre capables des fonctions publiques les plus simples auxquelles il est bon que tout citoyen puisse être appelé, comme celle de juré, d'officier municipal.

On enseignera, dans ces écoles, à lire, à écrire, ce qui suppose nécessairement quelques notions grammaticales. On y joindra les règles de l'arithmétique ; des méthodes simples de mesurer exactement un terrain, de toiser un édifice ; une description élémentaire des productions du pays, des procédés de l'agriculture et des arts ; le développement des premières idées morales et des règles de conduite qui en dérivent ; enfin ceux des principes de l'ordre social qu'on peut mettre à la portée de l'enfance...

Chaque dimanche l'instituteur ouvrira une conférence publique à laquelle assisteront les citoyens de tous les âges. Nous avons vu dans cette institution un moyen de donner aux jeunes gens celles des connaissances nécessaires qui n'ont pu cependant faire partie de leur première éducation. On y développera les principes et les règles de la morale avec plus d'étendue, ainsi que cette partie des lois nationales dont l'ignorance empêcherait un citoyen de connaître ses devoirs et de les exercer.

Ainsi, dans ces écoles, les vérités premières de la science sociale précéderont leurs applications.

Ni la Constitution française, ni même la Déclaration des Droits ne seront présentées à aucune classe des citoyens comme des tables descendues du ciel, qu'il faut adorer et croire. Leur enthousiasme ne sera point fondé sur les préjugés, sur les habitudes de l'enfance, et on pourra leur dire : « Cette Déclaration des Droits, qui vous apprend à la fois ce que vous devez à la société et ce que vous êtes en droit d'exiger d'elle, cette Constitution que vous devez

maintenir aux dépens de votre vie, ne sont que le développement de ces principes simples, dictés par la nature et par
la raison dont vous avez appris, dans vos premières années,
à reconnaître l'éternelle vérité. Tant qu'il y aura des
hommes qui n'obéiront pas à leur raison seule, qui rece-
vront leurs opinions d'une opinion étrangère, en vain
toutes les chaînes auraient été brisées, en vain ces opinions
de commande seraient d'utiles vérités. Le genre humain
n'en resterait pas moins partagé en deux classes : celle des
hommes qui raisonnent, et celle des hommes qui croient,
celle des hommes et celle des esclaves....

Les fêtes nationales — en rappelant aux habitants des
campagnes, aux citoyens des villes les époques glorieuses
de la liberté, en consacrant la mémoire des hommes dont
les vertus ont honoré leur séjour, en célébrant les actions
de dévouement et de courage dont il a été le théâtre —, leur
apprendront à chérir les devoirs qu'on leur aura fait connaître. D'un autre côté, dans la discipline intérieure des
écoles, on prendra soin d'instruire les enfants à être bons
et justes ; on leur fera pratiquer, les uns à l'égard des autres,
les principes qu'on leur aura enseignés, et par là, en même
temps qu'on leur fera prendre l'habitude d'y conformer leur
conduite, ils apprendront à les mieux entendre, à en sentir
plus fortement l'utilité et la justice (1).

(P. 5-8 du Rapport, VII, p. 453-457.)

(1) Il serait très facile dans les écoles, dans les jeux de gymnase, dans
les fêtes, d'exercer les enfants à la pratique des sentiments les plus nécessaires
à pratiquer dans leur âme (tels que la justice, l'amour de l'égalité, l'indulgence, l'humanité, l'élévation d'âme).

On peut même les familiariser avec quelques-unes des fonctions sociales
(comme les élections, l'ordre d'une assemblée, etc.).

Mais il faut éviter qu'ils ne voient dans ces formes un rôle qu'on leur

Deuxième degré : des études secondaires.

Les écoles secondaires sont destinées aux enfants dont les familles peuvent se passer plus longtemps de leur travail et consacrer à leur éducation un plus grand nombre d'années ou même quelques avances...

(VII, p. 460.)

Troisième degré : Instituts (460-475).

Le troisième degré d'instruction embrasse les éléments de toutes les connaissances humaines.

L'instruction, considérée comme partie de l'éducation générale, y est absolument complète. Elle remplace ce qui est nécessaire pour être en état de se préparer à remplir les fonctions publiques qui exigent le plus de lumières, ou de se livrer avec succès à des études plus approfondies. C'est là que se formeront les instituteurs des écoles secondaires, que se perfectionneront les maîtres des écoles primaires, déjà formés dans celles du second degré.

(VII, p. 465.)

Plusieurs motifs ont déterminé l'espèce de préférence accordée aux sciences mathématiques et physiques.

D'abord pour les hommes qui ne se dévouent point à de longues études ; qui n'approfondissent aucun genre de

---

donné à jouer, et qu'on ne leur fasse contracter l'habitude de l'hypocrisie extérieure, ou un caractère de pédanterie.

Comme les enfants n'ont que des intérêts très peu compliqués et des occupations très simples, ils observent beaucoup tout ce qui les entoure, sont très difficiles à tromper et, s'ils s'aperçoivent une fois qu'on se moque d'eux en leur faisant faire sérieusement une bagatelle, ils le rendent au maître avec usure (Note additionnelle de Condorcet).

connaissances, l'étude, même élémentaire de ces sciences, est est le moyen le plus sûr de développer leurs facultés intellectuelles, de leur apprendre à raisonner juste, à bien analyser leurs idées.

(P. 468.)

Nous avons senti que..., dans un pays où l'on voulait unir par des nœuds immortels la paix et la liberté, il fallait que l'on pût sans ennui, sans s'éteindre dans l'oisiveté, consentir à n'être qu'un homme, un citoyen, qu'il était important de tourner vers des objets utiles le besoin d'agir, cette soif de gloire à laquelle l'état d'une société bien gouvernée n'offre pas un champ assez vaste : on substituerait l'ambition d'éclairer les hommes à celle de les dominer.

(P. 469.)

On pourra trouver encore la langue latine trop négligée.

Mais sous quel point de vue une langue doit-elle être considérée dans une éducation générale ?

Ne suffit-il pas de mettre les élèves en état de lire les livres vraiment utiles écrits dans cette langue et de pouvoir, sans maîtres, faire de nouveaux progrès ? Peut-on regarder la connaissance approfondie d'un idiome étranger, celle des beautés de style qu'offrent les ouvrages des hommes de génie qui l'ont employé, comme une de ces connaissances générales que tout homme éclairé, tout citoyen qui se destine aux emplois de la société les plus importants ne puisse ignorer ? Par quel privilège singulier... le latin seul serait-il l'objet d'une instruction plus étendue ? Le considère-t-on comme la langue générale des savants, quoiqu'il perde tous les jours cet avantage ? Mais une connaissance élémentaire du latin suffit pour lire leurs livres. Mais il ne se trouve aucun ouvrage de sciences, de philosophie, de politique vraiment important, qui n'ait été traduit. Mais toutes les vérités que renferment ces livres existent, et mieux développées et réunies à des vérités nouvelles, dans des livres écrits en langue vulgaire. La lecture des originaux n'est proprement utile qu'à ceux dont l'objet n'est pas l'étude, la science, mais celle de son histoire...

(P. 472.)

Vous devez à la Nation française une instruction au niveau de l'esprit du XVIIIᵉ siècle, de cette philosophie qui, en éclairant la génération contemporaine, présage, prépare et devine déjà la raison supérieure à laquelle les progrès nécessaires du genre humain appellent les générations futures.

(P. 475.)

Ce troisième degré d'instruction donne à ceux qui en profiteront une supériorité réelle, que la distribution des fonctions de la société rend inévitable. Mais c'est un motif de plus pour vouloir que cette supériorité soit celle de la raison et des véritables lumières, pour chercher à former des hommes instruits, et non des hommes habiles, pour ne pas oublier enfin que les inconvénients de cette supériorité deviennent moindres, à mesure qu'elle se partage entre un plus grand nombre d'individus ; que plus ceux qui en jouissent sont éclairés, moins elle est dangereuse, et qu'alors elle est le véritable, l'unique remède contre cette supériorité d'adresse qui, au lieu de donner à l'ignorance des appuis et des guides, n'est féconde qu'en moyens de la séduire.

(P. 478.)

La morale ne doit pas dépendre de la religion

Les principes de la morale enseignés dans les écoles et dans les instituts seront ceux qui, fondés sur nos sentiments naturels et sur la raison, appartiennent également à tous les hommes.

La Constitution — en reconnaissant le droit qu'a chaque individu de choisir son culte, en établissant une entière égalité entre tous les habitants de la France — ne permet point d'admettre, dans l'instruction publique, un enseignement qui, en repoussant les enfants d'une partie des citoyens, détruirait l'égalité des avantages sociaux et donnerait à des dogmes particuliers un avantage contraire à la liberté des opinions.

Il était donc rigoureusement nécessaire de séparer de la morale les principes de toute religion particulière, et de n'admettre dans l'instruction publique l'enseignement d'aucun culte religieux.

Chacun d'eux doit être enseigné dans les temples, par ses propres ministres.

Les parents, quelle que soit leur croyance, quelle que soit leur opinion sur la nécessité de telle ou telle religion, pourront alors, sans répugnance, envoyer leurs enfants dans les établissements nationaux. Et la puissance publique n'aura point usurpé sur les droits de la conscience, sous prétexte de l'éclairer et de la conduire.

D'ailleurs, combien n'est-il pas important de fonder la morale sur les seuls principes de la raison! Quelque changement que subissent les opinions d'un homme dans le cours de sa vie, les principes, établis sur cette base, resteront toujours également vrais.

Ils seront toujours invariables comme elle. Il les opposera aux tentatives que l'on pourrait faire pour égarer sa conscience. Elle conservera son indépendance et sa rectitude. On ne verra plus ce spectacle si affligeant d'hommes qui s'imaginent remplir leurs devoirs en violant les droits les plus sacrés, et obéir à Dieu en trahissant leur Patrie.

Ceux qui croient à la nécessité d'appuyer la morale sur une religion particulière doivent eux-mêmes approuver cette·séparation. Car, sans doute, ce n'est pas la vérité des principes de la morale qu'ils font dépendre de leurs dogmes : ils pensent seulement que les hommes y trouvent des motifs plus puissants d'être justes. Et ces motifs n'acquerront-ils pas une force plus grande sur tout esprit capable de réfléchir, s'ils ne sont employés qu'à fortifier ce que la raison et le sentiment intérieur ont déjà commandé (1)...

(VII, p. 484.)

Quatrième degré : Les Lycées.

Nous avons donné le nom de *lycées* au quatrième degré d'instruction : toutes les sciences y sont enseignées dans toute leur étendue. C'est là que se forment les savants... C'est là aussi que doivent se former les professeurs. C'est au moyen de ces établissements que chaque génération peut transmettre à la génération suivante ce qu'elle a reçu de celle qui l'a précédée et ce qu'elle a pu y ajouter.

Nous proposons d'établir en France neuf lycées...

(VII p. 486.)

---

(1) Dans la seconde édition de ce rapport, Condorcet, entre autres notes, conclut ainsi : « C'est un objet qui doit être laissé, sans aucune influence étrangère, à la raison et à la conscience de chaque individu. » (P. 486.)

Instruction de la quatrième année :
La morale et la religion

La quatrième année doit être consacrée d'abord à l'application de principes moraux qu'il est temps de présenter directement aux élèves et d'un *petit code de morale* suffisant pour toute la conduite de la vie (si on en excepte les développements qui se rapportent à certaines relations dont les enfants ne peuvent avoir qu'une idée vague, comme celle du mari à la femme, du père aux enfants, du fonctionnaire public aux particuliers).

(F. 253.)

On doit soigneusement séparer cette morale de tout rapport avec les opinions religieuses d'une secte particulière : car autrement il faudrait donner à ces opinions une préférence contraire à la liberté. Les parents seuls peuvent avoir le droit de faire enseigner ces opinions ; ou plutôt la société n'a pas celui de les en empêcher.

Il ne faut pas même lier l'instruction de la morale aux idées générales de religion. Quel homme éclairé oserait dire aujourd'hui, ou que les principes qui règlent nos devoirs n'ont pas une vérité indépendante de ces idées, ou que l'homme ne trouve pas dans son cœur des motifs de les remplir, et soutenir en même temps qu'il existe une seule opinion religieuse contre laquelle un esprit juste ne puisse trouver des objections insolubles pour lui ? Pourquoi appuyer sur des croyances incertaines des devoirs qui reposent sur des vérités éternelles et incontestables ?

Et qu'on ne dise pas qu'une telle opinion est irréligieuse ! Jamais au contraire la religion ne deviendrait

plus respectable qu'au moment où elle se bornerait à dire :
« Vous connaissez ces devoirs que vous impose la raison,
auxquels la nature vous appelle, que vous conseille l'intérêt de votre bonheur, que votre cœur même chérit dans
le silence de ses passions. Eh bien, je viens vous proposer
de nouveaux motifs de les remplir : je viens ajouter un
bonheur plus pur au bonheur qu'ils vous promettent, un
dédommagement aux sacrifices qu'ils exigent quelquefois.
Je ne vous donne pas un joug nouveau, je veux rendre
plus léger celui que la nature vous imposait; je ne commande point, j'encourage et je console ».   (P. 254.)

Le premier de nos sentiments naturels est celui qui nous
fait compatir aux douleurs des êtres sensibles, c'est-à-dire
à souffrir avec eux... (1).

Il faut entretenir ce sentiment sans le révolter; éviter
à la fois de ne pas assez et de trop montrer le spectacle de
la douleur...

Qu'on laisse agir la nature, qui porte à l'étendre aux animaux. Qu'au lieu d'exciter un enfant à se jouer de leur sensibilité et à leur causer des douleurs inutiles, on l'avertisse,
lorsque, sans le savoir, il commet un acte de barbarie...
C'est par ce moyen seul que l'on peut faire du sentiment
profond d'humanité le caractère d'un peuple entier, et
non la vertu de quelques sages.

(1) Condorcet explique ailleurs sa pensée (IXe époque de l'Esquisse): « L'analyse de nos sentiments nous fait découvrir dans le développement de notre
faculté d'éprouver du plaisir et de la douleur, l'origine de nos idées morales, le
fondement des vérités générales qui, résultant de ces idées, déterminent les lois
immuables, nécessaires du juste et de l'injuste, enfin les motifs d'y conformer
notre conduite, puisés dans la nature même de notre sensibilité, dans ce qu'on
pourrait appeler, en quelque sorte, notre « constitution morale. » (VI, p. 183.)

Accoutumez encore l'enfant qui souffre des douleurs d'autrui non à les fuir, mais à s'en approcher pour les soulager. Ecartez par là le dégoût, la terreur involontaire qui s'y mêle parfois, pour n'y laisser que la sensibilité et la bienveillance.

Il ne faut pas s'imaginer que, pour remplir ce que je propose ici, il soit nécessaire d'attacher un philosophe au berceau de chaque enfant. Il suffira d'une de ces observations qui n'échappent pas à la tendre et vigilante sagacité des mères les moins éclairées.

... Il ne faut point reprocher leurs fautes aux enfants; mais en paraître affligé, humilié pour eux-mêmes. Il ne faut point corrompre par des louanges les plaisirs qu'ils goûtent dans l'exercice de leur vertu naissante, Il ne faut pas leur dire, mais les accoutumer à voir, à trouver, audedans d'eux-mêmes, que la bonté et la justice sont nécessaires au bonheur, comme une respiration facile et libre l'est à la santé. « Il est heureux : il a aidé ce vieillard à porter ce fardeau. Il est malheureux : il a fait de la peine à son frère. » Des mots de ce genre à un enfant suffiront pour produire cet effet.

(VI, p. 544.)

Amour de la Patrie

N'employons point, pour inspirer l'amour de la patrie, les moyens par lesquels les charlatans — religieux ou politiques — savent attacher un peuple aux institutions qui flattent leur ambition ou leur orgueil. Aidons le développement des facultés humaines pendant la faiblesse de l'enfance. Mais n'abusons pas de cette faiblesse pour la mouler au gré de nos opinions, de nos intérêts ou de notre orgueil.

Que le sentiment de la justice — dont leur âme est déjà nourrie — devienne, en se généralisant par l'instruction, le sentiment des droits de l'espèce humaine. Et on verra bientôt fermer dans les jeunes cœurs un amour de leur pays et de la liberté, vrai, sans faste, sans hypocrisie. Vous aurez préparé des citoyens pour la patrie, sans vous exposer au danger de n'avoir formé que des charlatans du patriotisme.

Que les lois achèvent l'ouvrage de l'instruction, que partout elles respirent la justice, l'humanité, le respect pour le malheur. Que toute cruauté dans les supplices, que les exécutions qui accoutument le peuple à la vue du sang en soient bannies...

Que la peine de mort — si on la conserve pour les coupables dont l'existence serait un danger — n'y soit envisagée que comme une nécessité cruelle, un sacrifice douloureux. Que la loi envisage le châtiment du crime comme une précaution qui, commandée par l'intérêt de la société commune, devient injuste dès qu'elle excède la limite de ce qu'exige cette sûreté.

... C'est par la réforme des lois violatrices de la morale qu'il faut commencer celle des mœurs d'un peuple. Il ne reconnaîtra pas la justice, tant que son code n'aura pas été dicté par elle (1)...

(VII, p. 551.)

(1) Par une lettre au *Moniteur* (réimpression IX, 286) Condorcet écrit : « Défendre un ouvrage avant qu'il existe, soumettre aux permis celui qui le distribue sans savoir encore si l'ouvrage est immoral ou dangereux, c'est attaquer ouvertement la liberté de la presse et, avec elle, l'unique rempart de la liberté des nations... Ce n'est point parce que l'ouvrage publié est bon ou mauvais, c'est parce qu'il est prohibé d'avance qu'une injonction comme celle de la police est parfois et une violation de la *Déclaration des Droits* et un attentat contre la liberté. Les hypocrites amis de la liberté peuvent faire de moi une victime, mais je ne serai jamais ni leur instrument ni leur dupe. » (Alengry, p. 108.)

Société nationale

Enfin, le dernier degré d'instruction est une société nationale des sciences et des arts, instituée pour surveiller et diriger les établissements d'instruction, pour s'occuper du perfectionnement des sciences et des arts, pour recueillir, encourager, appliquer et répandre les découvertes utiles. Ce n'est plus de l'instruction particulière des enfants et même des hommes qu'il s'agit ; c'est à l'esprit humain qu'il faut préparer de nouveaux moyens d'accélérer les progrès, de multiplier les découvertes utiles (suivent les détails de l'organisation).

(VII, p. 501.)

Comment Condorcet entendait l'éducation
d'un prince (septembre 1792)

... En se réservant de nommer un gouverneur du Dauphin, [les chefs chargés de cette décision] n'ont pas prononcé que cet enfant dût régner, mais seulement qu'il était possible que la Constitution l'y destinât.

Ils ont voulu que l'éducation effaçât tout ce que les prestiges du trône ont pu lui inspirer de préjugés sur les droits prétendus de sa naissance ; qu'elle lui fît connaître de bonne heure et l'égalité naturelle des hommes et la souveraineté du peuple ; qu'elle lui apprît à ne pas oublier que c'est du peuple qu'il tiendra le titre de Roi et que le peuple n'a pas même le droit de renoncer à celui de l'en dépouiller.

Ils ont voulu que cette éducation le rendît également digne, par ses lumières et ses vertus, de recevoir avec résignation le fardeau dangereux d'une couronne ou de la déposer avec joie entre les mains de ses frères; qu'il sentît que le devoir et la gloire du roi d'un peuple libre est de hâter le moment de n'être plus qu'un citoyen ordinaire.

Ils ont voulu que l'inutilité d'un roi, la nécessité de chercher les moyens de remplacer un pouvoir fondé sur des illusions fût une des premières vérités offertes à sa raison, l'obligation d'y concourir lui-même, un des premiers devoirs de sa morale et le désir de n'être plus affranchi du joug de la loi par une injurieuse inviolabilité, le premier sentiment de son cœur. Ils n'ignorent pas que, dans le moment, il s'agit bien moins de former un roi que de lui apprendre à savoir, à ne vouloir plus l'être (1).

Extrait de *La République ou un roi est-il nécessaire
à la conservation de la liberté ?*

(XII, p. 236.)

---

(1) Note de Condorcet : « Je savais que plusieurs députés voulaient me donner leur suffrage pour la place de gouverneur. Et j'étais bien aise qu'on sût d'avance dans quels principes je l'aurais élevé : je connaissais assez l'Assemblée pour être certain que c'était un moyen assuré de ne pas avoir la pluralité. »

IV

CONDORCET A LA CONVENTION
(22 SEPTEMBRE 1792)
JUSQU'A SA MORT
(29 MARS 1794)

1793 (1)

Sur le sens du mot « révolutionnaire »

De *révolution*, nous avons fait *révolutionnaire*, et ce mot, dans son sens général, exprime tout ce qui appartient à une révolution.

Mais on l'a créé pour la nôtre, pour celle qui, d'un des états soumis depuis le plus long temps au despotisme a

(1) Fonfrède écrit aux électeurs de la Gironde au lendemain de l'élection : « L'Assemblée nationale vient de nommer pour représentant de la Nation un de ces philosophes qui, par leurs écrits, avaient dès longtemps préparé les deux Révolutions françaises (celles qui furent marquées, la première par la prise de la Bastille, 14 juillet 1789, la seconde par la journée du 10 août 1792) qui les avaient faites dans les esprits, avant qu'elles fussent faites dans le gouvernement. C'est en attaquant tous les préjugés et le fanatisme religieux et le fanatisme de la royauté qu'ils ont aplani les routes de la liberté et de l'égalité... Nous venons de nommer à la Convention nationale cet élève de l'Ecole de Voltaire, cet ami de Payne, cet homme auquel d'immenses travaux de législation ont appris que toutes les lois doivent être marquées au coin de la raison sociale et que, si elles ne sont fondées sur les principes immua-bles maintenant consacrés par l'opinion publique, elles seront bientôt sans

fait, en peu d'années, la seule république où la liberté ait jamais eu pour base une entière égalité des droits. Ainsi, le mot *révolutionnaire* ne s'applique qu'aux révolutions qui ont la liberté pour objet.

On dit qu'un homme est *révolutionnaire,* c'est-à-dire qu'il est attaché aux principes de la Révolution ; qu'il agit pour elle, qu'il est disposé à se sacrifier pour la soutenir.

Un esprit *révolutionnaire* est un esprit propre à produire, à diriger une révolution faite en faveur de la liberté.

Une loi *révolutionnaire* est une loi qui a pour objet de maintenir cette révolution, d'en accélérer ou d'en régler la marche. Une mesure *révolutionnaire* est celle qui peut en assurer le succès.

Entend-on une mesure violente, extraordinaire, contraire aux règles de l'ordre commun, aux principes généraux de la question ? Il faut, de plus, prouver qu'elle est utile et que les circonstances l'exigent et la justifient...

Ne croyons pas justifier tous les excès en les rejetant

> Sur la nécessité, l'excuse des tyrans.

Mais gardons-nous aussi de calomnier les amis de la

pouvoir et sans prix. Ce grand homme est M. Condorcet » (cité par M' Léon Cahen, p. 437, d'après l'original, qui est aux Archives nationales).

Malgré cette chaude déclaration, Condorcet ne fut pas rangé dans le groupe des députés de la Gironde, quoiqu'il les désignât lui-même comme une « collection rare d'hommes purs, d'un mérite distingué ». Voici d'ailleurs comme il annonçait lui-même sa conduite politique : « Je ne serai d'aucun parti, comme je n'ai été d'aucun jusqu'ici. Je m'étais lié dans les Assemblées nationales (Législative) avec un petit nombre d'hommes justes, éclairés, incorruptibles, zélés défenseurs du droit des peuples. Presque tous sont de la Convention, et je resterai leur ami. J'y joindrai quelques membres de l'Assemblée constituante, quelques hommes nouvellement appelés à représenter la nation; mais nous ne serons point un parti, car aucun de nous ne voudrait souffrir des chefs ni en jouer le rôle » (cité par M. Léon Cahen, p. 437, d'après les papiers de Condorcet déposés à l'Institut).

liberté en jugeant les lois qu'ils font adopter, les mesures qu'ils proposent, d'après des règles qui ne sont vraies dans toute leur étendue que pour des temps tranquilles.

Si le zèle, même pour la plus juste des causes, devient quelquefois coupable, songeons aussi que la modération n'est pas toujours sagesse.

Faisons des lois *révolutionnaires*, mais pour accélérer le moment où nous cesserons d'avoir besoin d'en faire. Adoptons des mesures *révolutionnaires*, non pour prolonger ou ensanglanter la Révolution, mais pour la compléter et en précipiter le terme.

Quand il fut question d'établir la liberté sur les ruines du despotisme, l'égalité sur celles des aristocraties, on fit très sagement de ne pas aller chercher nos droits dans les Capitulaires de Charlemagne, ou dans les lois Ripuaires. On les fonda sur les règles éternelles de la raison et de la nature.

Journal d'instruction sociale,
Condorcet, Sieyès et Duhamel, n° I, p. I-II,
(1er juin 1793.)

1793 (15 et 16 février)
Projet de déclaration des droits naturels, civils et politiques des hommes
(Extraits)

ARTICLE PREMIER. — Les droits naturels, civils et politiques des hommes sont : la liberté, l'égalité, la sûreté, la propriété, la garantie sociale, et la résistance à l'oppression.

ART. 2. — La liberté consiste à pouvoir faire tout ce qui n'est pas contraire au droit d'autrui. Ainsi, l'exercice des droits naturels de chaque homme n'a de bornes que celles qui assurent aux autres membres de la société la jouissance de ces mêmes droits.

ART. 4. — Tout homme est libre de manifester ses pensées et ses opinions.

ART. 5. — La liberté de la presse et de tous autres moyens de publier ses pensées ne peut être interdite, suspendue ni limitée.

ART. 6. — Tout homme est libre dans l'exercice de son culte.

ART. 7. — L'égalité consiste en ce que chacun puisse jouir des mêmes droits.

ART. 9. — Tous les citoyens sont admissibles à toutes les places, emplois et fonctions publiques. Les peuples libres ne connaissent d'autres motifs de préférence dans leur choix que les talents et la vertu.

ART. 10. — La sûreté consiste dans la protection accordée par la société à chaque citoyen pour la conservation de sa personne, de ses biens et de ses droits.

ART. 20. — Tout homme peut engager ses services, son temps, mais il ne peut se vendre lui-même : sa personne n'est pas une propriété aliénable.

ART. 23. — L'instruction est le besoin de tous, et la société la doit également à tous ses membres.

ART. 33. — Un peuple a toujours le droit de revoir, de réformer et de changer sa constitution. Une génération n'a pas le droit d'assujettir à ses lois les générations futures. Toute hérédité dans les fonctions est absurde et tyrannique.

(XII, p. 417-422.)

Le peuple français et la Convention

L'esprit actuel de la Nation française est l'amour de l'égalité et de l'indépendance personnelle, la haine de toute autorité qui présente la moindre apparence d'arbitraire ou de perpétuité, le désir de voir toutes les institutions nouvelles favoriser les classes les plus pauvres et les plus nombreuses, et celui de fraterniser avec les hommes de tous les pays qui avaient la liberté, ou qui veulent la recouvrer.

Tel doit être un peuple éclairé sur ses droits, jaloux de les maintenir. Et ceux qui s'intéressent à sa prospérité n'auraient rien à désirer, si le respect pour la Justice, si la soumission à la loi, si le zèle pour l'ordre public faisaient partie de cet esprit général.

L'exemple de la Convention fortifierait à cet égard l'esprit général, sans risquer d'affaiblir les élans du patriotisme.

Que dans les discussions, elle écoute avec patience les fausses subtilités qui se couvrent du nom sacré de la justice! Qu'elle ne croie plus qu'il y ait à les mépriser de l'élévation d'esprit ou de l'habileté politique! Qu'elle n'avilisse plus le mot *révolutionnaire*, en paraissant le faire servir de voile à ce que l'exacte équité aurait désavoué! Que, sévère à l'égard des fonctionnaires publics, elle montre à ceux mêmes qui leur auront résisté, avec de bonnes intentions et avec justice, le point où ils se sont écartés de la soumission due à la loi! Que jamais elle ne se laisse soupçonner de pouvoir partager cette opinion absurde : qu'il existe, entre l'ordre et la liberté, une incompatibilité réelle! Qu'elle cherche, au contraire, à détruire ce préjugé si funeste à la liberté, lorsque, après de longues agitations, le retour de l'ordre devient un besoin impérieux pour la généralité du Peuple !

Extrait de Ce que les citoyens ont le droit d'attendre
de leurs représentants, par Condorcet. De l'imprimerie
des Sourds-Muets, près l'Arsenal (10 avril 1793.)
(XII, p. 558.)

Avril 1793

Les députés de l'Aisne aux citoyens
de leur département

...Voyez dans la Convention des hommes unanimement dévoués à périr avec la liberté, à tout sacrifier pour la sauver, qui ont besoin d'être encouragés par votre confiance, mais qui veulent la mériter.

Jusqu'ici vous leur avez donné l'exemple de l'union. Attachés à la République seule, vous n'avez jamais paru vous apercevoir de ces partis qu'on essaye vainement de former dans son sein. Et quel pourrait donc être l'objet de ces partis, lorsque nous voulons tous une république, lorsqu'une haine égale pour la royauté, une même horreur pour les distinctions héréditaires nous enchaînent à la cause de l'égalité ? Qui de vous, qui de nous veut avoir un autre maître que la loi ? Ne voulons-nous pas tous également que tous les citoyens exercent les mêmes droits, que tous jouissent, dans la plus entière étendue, de ceux que la justice et la raison universelle ont reconnu appartenir à l'homme en société ?

Tous les Français ne conviennent-ils pas que la sûreté, la liberté, la propriété, l'égalité, la souveraineté du peuple sont les premiers de ces droits ? Qui de nous ignore que

l'homme vraiment libre est celui qui met son orgueil
dans une soumission volontaire aux lois de sa patrie; que
le citoyen ne mérite ce nom respectable qu'en sachant
maintenir et défendre dans autrui les droits reconnus et
garantis par la volonté générale ?   (XII, p. 575.)

13 mai 1793 (1)

LETTRE DE CONDORCET A LA CONVENTION NATIONALE (2)

— Sans date —

Citoyens, mes Collègues,

J'ai fui la tyrannie sous laquelle vous gémissez encore.
Si la Convention n'eût voulu que m'interroger, je lui aurais
répondu. Mais un décret d'arrestation, rendu même sans
aucun de ces prétextes qui ont quelquefois servi d'excuse
au despotisme, m'avertit que la hache du 2 juin n'a pas
cessé d'être levée sur vos têtes.

Quand la Convention nationale n'est pas libre, ses lois
n'obligent plus les Citoyens.

Je répondrai à mes accusateurs, quand le ministre, qui
a disposé d'une partie de l'armée de la nation pour en assié-
ger les représentants; quand le maire de Paris, qui a renoncé
à une autorité légitime pour recevoir d'une poignée de
factieux celle d'attenter à la souveraineté du peuple ;
quand le commandant-général dont les baïonnettes et les
canons vous ont dicté un décret injuste, quand ces lâches
triumvirs auront satisfait à la nation outragée.

Les hommes qui m'ont accusé ont été forcés d'avouer

(1) Voir page 11 de l'*Introduction*.
(2) Imprimé de 4 pages in-8° avec vignette en tête, sans date ni nom d'impri-
meur. Bibliothèque Nationale L6⁴¹ 819. M. L. Cahen cite le même texte, d'après
un exemplaire de la Bibliothèque de la Chambre des Députés.

qu'ils n'avaient pu le faire qu'en violant à la fois et le secret des lettres et la liberté de la presse. Et chacun des actes dictés par les triumvirs à votre Comité de sûreté générale est une insulte à cette même Déclaration des Droits que vous présentez aujourd'hui au peuple français.

Je ne m'abaisserai point à faire l'apologie ni de mes principes, ni de ma conduite ; je n'en ai besoin ni pour la France, ni pour l'Europe.

Mais je demanderai pourquoi tous ceux qui, en 1791, ont voulu l'abolition de la royauté et qui n'ont pas souillé par de honteuses rétractations (1) l'honneur d'avoir combattu pour une si belle cause sont aujourd'hui presque exclusivement voués à la persécution.

Je demanderai pourquoi l'on écarte avec tant de soin ceux dont les lumières et l'imperturbable républicanisme opposeraient une plus forte résistance au rétablissement de la royauté. Ne veut-on nous renfermer dans les prisons, ne s'occupe-t-on à les préparer, avec tout l'art des embastilleurs, que pour nous condamner au supplice d'entendre proclamer un roi ?

Mais vous n'aurez pas même la liberté d'entendre cette lettre : on vous a ordonné de renvoyer celles de vos collègues opprimés à votre comité de Salut public, c'est-à-dire à ce que les triumvirs ont pu trouver parmi vous d'esclaves plus dociles.

Signé : CONDORCET.

(1) « Comme Robespierre et Vadier. » (Cette note est dans l'imprimé.)

V

CONDORCET RÉDIGEANT, DANS SA RETRAITE, L'ESQUISSE D'UN TABLEAU HISTORIQUE DES PROGRÈS DE L'ESPRIT HUMAIN (1794)

Cette Esquisse des progrès de l'esprit humain (*vol. VI*) *forme un tout. Nous ne saurions y appliquer — sous prétexte de mettre en lumière les notions nouvelles, dont s'est enrichie la pensée de Condorcet — la méthode que nous avons employée pour les autres parties de ce recueil.*

Condorcet a lui-même indiqué, par quelques exemples, les développements que cette Esquisse devrait recevoir. Nous nous bornerons à relater, tel que l'a tracé l'auteur, l'ordre qu'il avait entrevu, il y a plus d'un siècle. Cet ordre est beaucoup plus facile à établir aujourd'hui, grâce aux progrès de la préhistoire, mais ce serait un travail à reprendre d'un bout à l'autre.

Nous citerons quelques-uns des morceaux qu'il avait écrits comme pour donner une idée de son œuvre.

F. B.

PLAN DE L'ESQUISSE

Première partie

Première époque. — Les hommes sont réunis en peuplades.

Deuxième époque. — Les peuples pasteurs. Passage de cet état à celui des peuples agriculteurs.

Troisième époque. — Progrès des peuples agriculteurs jusqu'à l'invention de l'écriture alphabétique.

Quatrième époque. — Progrès de l'esprit humain dans la Grèce, jusqu'au temps de la division des sciences, vers le siècle d'Alexandre.

Cinquième époque. — Progrès des sciences depuis leur division jusqu'à leur décadence.

Sixième époque. — Décadence des lumières, jusqu'à leur restauration, vers le temps des croisades.

Septième époque. — Depuis les premiers progrès des sciences lors de leur restauration dans l'Occident, jusqu'à l'invention de l'imprimerie.

Huitième époque. — Depuis l'invention de l'imprimerie jusqu'au temps où les sciences et la philosophie secouèrent le joug de l'autorité.

Neuvième époque. — Depuis Descartes jusqu'à la formation de la République française.

Dixième époque. — Des progrès futurs de l'esprit humain.

Deuxième partie

Fragments de l'histoire : de la 1re époque, p. 291-381 ; de la 4e époque : 383-471 ; de la 5e époque : 473-513 ; de la 10e époque : 515-596 ; de l'Atlantide : p. 527-660.

Fin de l'histoire de la IXe époque

Tel est le point où doivent infailliblement nous conduire les travaux du génie, le progrès des lumières qui en est l'ouvrage; la liberté, l'égalité qui sont un de leurs bienfaits. Tel est l'état où l'on peut espérer contempler un jour la réunion imposante de plusieurs millions d'hommes sur cette même terre, qui ne nous avait présenté d'abord qu'un être faible, isolé, occupé de ses besoins et de ceux d'une famille que le hasard lui a donné, et qui se distinguait à peine des quadrupèdes par quelques avantages, compensés, à l'égard de quelques espèces, par une infériorité de force, d'adresse, de légèreté, ou des moyens naturels de se défendre...

Ainsi, l'on se vit obligé de renoncer à cette pratique astucieuse et basse qui, oubliant que tous les hommes tiennent des Droits égaux de leur nature même, voulait... partager avec inégalité ces droits entre diverses classes d'hommes, en accorder à la naissance, à la richesse, à la profession, et créer ainsi des intérêts contraires pour établir ensuite cette union qui libère, qui n'en corrige même pas les influences dangereuses.

Ainsi, l'on n'ose plus partager les hommes en deux races différentes, dont l'une est destinée à gouverner, l'autre à obéir, l'une à mentir, l'autre à être trompée. On fut obligé de reconnaître que tous ont un droit égal de s'éclairer sur tous leurs intérêts, de connaître toutes les vérités, et qu'aucun des pouvoirs établis par eux sur eux-mêmes ne peut avoir le droit de leur en cacher aucune.

Ces principes, que le généreux Sydney paya de son sang, auquel Locke attacha l'autorité de son nom, furent développés depuis par Rousseau, qui mérite la gloire de les placer au nombre de ces vérités qu'il n'est permis ni d'oublier ni de combattre.

(P. 186.)

Le point où la liberté renaît chez un peuple et celui où la raison et la vertu en dirigeront la masse entière peuvent être séparés par un long intervalle.

C'est par le progrès des lumières parmi les hommes qui cultivent leur esprit, c'est par leur influence sur la raison générale que celle-ci, perfectionnant peu à peu les institutions publiques, et à son tour perfectionnée par elles, la marche générale du peuple vers ce but... deviendra constante et plus rapide. Qu'on ne s'effraye donc point si l'on voit ce peuple libre paraître marcher vers la corruption et l'ignorance. Qu'on se garde surtout d'en conclure qu'elles doivent le ramener un jour à la servitude. Non, si le feu de la philosophie n'y est pas éteint, s'il brûle encore dans quelques hommes de génie, si la race entière des citoyens véritablement éclairés n'y est point anéantie, si on ne l'a point fait disparaître en même temps chez les nations voisines, il suffira, pour assurer la liberté, de lui faire traverser sans naufrage cet orage passager d'illusions et de désordres pour le conserver, jusqu'au moment où la liberté de la presse, triomphant d'une tyrannie éphémère, aura par degrés ramené le jour. Croit-on, par exemple, que l'opinion qui fait consister les qualités morales non dans l'égale distribution des lumières nécessaires et dans un développement égal de sentiments moraux perfectionnés par la raison, mais dans l'égalité de l'ignorance, de la corruption, de la férocité, croit-on que cette opinion stupide puisse longtemps dégrader une nation ? Croit-on que les hommes, dont l'ambitieuse et jalouse médiocrité a besoin de rendre les lumières odieuses et la vertu suspecte, puissent produire une illusion durable ?

Non. Ils peuvent faire pleurer à l'humanité la perte de

quelques hommes qui ont bien mérité d'elle ; ils peuvent forcer leur patrie à gémir sur des injustices irréparables ; mais ils n'empêcheront pas le foyer de lumières, disparu un moment, de se réunir bientôt et de porter dans les ténèbres, où ils se cachent, un jour éclatant et terrible.

Il est possible encore de tromper les peuples, de les égarer ; il ne l'est plus de les abrutir et de les corrompre.

Jusqu'ici l'histoire politique, comme celle de la philosophie et des sciences, n'a été que la victoire de quelques hommes. Ce qui forme véritablement l'espèce humaine — la masse des familles qui subsistent presque en entier de leur travail — a été oubliée... C'est à cette partie de l'histoire de l'espèce humaine — la plus obscure, la plus négligée, et pour laquelle les monuments nous offrent si peu de matériaux — qu'on doit surtout s'attacher.

Soit qu'on y rende compte d'une découverte, d'une théorie importante, d'un nouveau système de lois, d'une révolution politique, on s'occupera de déterminer quels effets ont dû en résulter, pour la portion la plus nombreuse de chaque société. Car c'est là le véritable objet de la philosophie, puisque tous les effets intermédiaires de ces mêmes causes ne peuvent être regardés que comme des moyens d'agir, enfin, sur cette portion qui constitue la masse du genre humain...

C'est en arrivant à ce terme que les hommes peuvent... jouir, avec un plaisir certain, des progrès de leur raison : c'est là qu'on peut juger seulement du véritable perfectionnement de l'espèce humaine.

(Esquisse, fin de la 9e époque, p. 235.)

Coup d'œil sur l'avenir

Il arrivera donc, ce moment où le soleil n'éclairera plus sur la terre que les hommes libres et ne reconnaissant d'autre maître que leur raison!

(10e époque, VI, p. 244.)

Développement des facultés morales

Ce que je viens de dire des facultés intellectuelles, peut s'étendre aux facultés morales, comme la conscience : elles sont susceptibles d'une perfectibilité dépendant, et de celle de la constitution physique, et de celle de l'intelligence. Le degré de vertu auquel un homme peut atteindre un jour est aussi inconcevable pour nous que celui auquel le force du génie peut être portée.

Qui sait, par exemple, s'il n'arrivera pas un temps où nos intérêts et nos passions n'auront, sur les jugements qui dirigent la volonté, pas plus d'influence que nous ne les voyons en avoir aujourd'hui sur nos opinions scientifiques (1)?

(VI. p. 628.)

Les peuples, plus éclairés, se ressaisissant du droit de disposer eux-mêmes de leur sang et de leurs richesses, appren-

---

(1) « Combien ces espérances augmentent encore si une aisance plus générale permet à plus d'individus de se livrer à ces occupations puisqu'en effet, à peine dans les pays les plus éclairés, *la cinquantième partie de ceux à qui la nature a donné des talents reçoivent l'instruction nécessaire pour les développer.* »

dront peu à peu à regarder la guerre comme le fléau le plus funeste, comme le plus grand des crimes.

On verra d'abord disparaître celles où les usurpateurs de la souveraineté des nations les entraînaient pour de prétendus droits héréditaires.

Les peuples sauront qu'ils ne peuvent devenir conquérants sans perdre leur liberté; que des confédérations perpétuelles sont le seul moyen de maintenir leur indépendance; qu'ils doivent chercher la sûreté et non la puissance. Peu à peu, les préjugés commerciaux se dissiperont : un faux intérêt mercantile perdra l'affreux pouvoir d'ensanglanter la terre et de ruiner les nations sous prétexte de les enrichir. Comme les peuples se rapprocheront dans les principes de la politique et de la morale; comme chacun d'eux, pour son propre avantage, appellera les étrangers à un partage plus égal des biens qu'il doit à la nature ou à son industrie, toutes ces causes qui produisent, enveniment, perpétuent les haines nationales s'évanouiront peu à peu. Elles ne fourniront plus à la fureur belliqueuse ni aliment ni prétexte.

Des institutions, mieux combinées que ces projets de paix perpétuelle qui ont occupé le loisir et consolé l'âme de quelque philosophe, accéléreront les progrès de cette fraternité des nations, et les guerres entre les peuples, comme les assassinats, seront au nombre de ces atrocités extraordinaires qui humilient et révoltent la nature, qui impriment un long opprobre sur le pays, sur le siècle dont les annales en ont été souillées (1).

(Xe époque, p. 266.)

---

(1) Ici se place le développement des idées de Condorcet sur une future « langue universelle ».

Ce que Condorcet croit possible

Si on a suivi dans ce tableau l'histoire de la destruction de plusieurs préjugés (tels que l'astrologie, la magie), on verra que la raison n'a point eu la puissance de les enlever d'un seul coup à tous ceux qu'ils avaient séduits...

Si, par exemple, en attaquant certains préjugés, on est obligé d'en respecter d'autres, dont les premiers sont en quelque sorte la conséquence ; si les hommes sont généralement convaincus que l'ancienneté d'une opinion, l'universalité d'une croyance est un signe presque certain de vérité ; si, au lieu de ne croire qu'à leur raison, ils regardent comme un devoir de la soumettre à l'autorité d'autrui, on voit que pour détruire un préjugé, il ne suffirait pas d'en prouver l'absurdité, et qu'il faudrait encore réformer à la fois le système entier des habitudes et des principes.

Il n'en est pas de même lorsque, les hommes peuvent tout dire, se croient permis de tout entendre, et osent tout appeler au jugement de leur raison...

(P. 576.)

Si vous voulez que la masse d'un peuple connaisse la raison, parlez à cette raison seule, quand vous attaquerez ses préjugés...

(P. 578.)

« Il ne s'est pas encore trouvé, dit Bacon, un homme qui, suspendant toutes ses opinions, se séparant de toutes ses connaissances acquises, renonçant à toutes les notions déjà formées dans son esprit, ait eu et la force de tête et le courage de refaire en quelque sorte son intelligence d'analyse, de recomposer toutes ses idées, et de soumettre à un examen nouveau tout ce que sa raison avait adopté. »

Ce que Bacon osait à peine espérer d'un philosophe, je parais ici le proposer à une génération entière. Mais il est plus aisé de diriger la formation de ces idées dans un entendement neuf encore, que de les refondre, après que l'habitude leur a donné de la consistance.　　(P. 581.)

L'esprit qui animait les réformateurs ne conduisait pas à la véritable liberté de penser. D'ailleurs, les communions nouvelles avaient été forcées de se relâcher un peu de la rigueur dogmatique. Si elles refusaient de rendre à la raison toute sa liberté, elles consentaient que sa prison fût un peu moins étroite...

Enfin, dans ce pays où il avait été impossible à une religion d'opprimer toutes les autres, il s'établit ce que l'insolence du culte dominateur ose nommer *tolérance*, c'est-à-dire une permission donnée par des hommes à d'autres hommes, de croire ce que leur raison adopte et de faire ce que leur conscience leur ordonne...

Ainsi l'on vit naître, en Europe, une sorte de liberté de penser, non pour les hommes, mais pour les chrétiens. Et, si nous en exceptons la France, c'est pour les seuls chrétiens que partout ailleurs elle existe encore aujourd'hui.

(Condorcet, *Tableau des progrès de l'esprit humain*, p. 159 et 160 (1829.)

La récompense du sage

Combien ce tableau de l'espèce humaine — affranchie de toutes ses chaînes, soustraite à l'empire du hasard comme à celui des ennemis de ses progrès, marchant d'un pas ferme et sûr dans la route de la vérité, de la vertu et du bonheur —

présente au philosophe un spectacle qui le console des erreurs, des crimes, des injustices dont la terre est encore souillée, et dont il est souvent la victime !

C'est dans la contemplation de ce tableau qu'il reçoit le prix de ses efforts pour le progrès de la raison, pour la défense de la liberté. — Il ose alors les lier à la chaîne éternelle des destinées humaines. C'est là qu'il trouve la vraie récompense de la vertu, le plaisir d'avoir fait un bien durable, que la fatalité ne détruira plus, par une compensation funeste, en ramenant les préjugés et l'esclavage.

Cette contemplation est pour lui un asile où le souvenir de ses persécuteurs ne peut le poursuivre, où — vivant par la pensée avec l'homme rétabli dans les droits comme dans la dignité de sa nature — il oublie celui que l'avidité, la crainte ou l'envie tourmentent et corrompent. C'est là qu'il existe véritablement, avec ses semblables, dans un élysée que sa raison a su se créer, et que son amour pour l'humanité embellit des plus pures jouissances !

(Fin de la 10e époque, p. 26.)

La bataille de Salamine

La bataille de Salamine est un de ces événements, si rares dans l'histoire, où le hasard d'un jour décide, pour une longue suite de siècles, des destinées du genre humain.

Le petit nombre de vérités dont les Grecs avaient alors enrichi les sciences, leurs progrès naissants dans les arts, leur philosophie indépendante avaient disparu avec la liberté, à qui seule ils les devaient. Les côtes de la Méditerranée n'auraient conservé, sous les vainqueurs, qu'une faible indépendance. Le monde, partagé entre les despotes de l'Asie méridionale, les peuplades sauvages de l'Afrique et les bruts habitants de l'Occident et du Nord, n'eût plus offert qu'une ignorance barbare ou d'avilissants préjugés, des arts dégradés par la servitude ou bornés à leur grossièreté première, des mœurs féroces ou corrompues, partout enfin la stupidité et les vices de l'enfance des nations ou de leur décrépitude.

On ne doit attribuer ces victoires ni au peu de bravoure des Perses, ni à leur infériorité dans la tactique. Le pays dont ils tenaient leur origine et les provinces voisines produisaient alors, et ont constamment produit depuis, d'excellents talents. Les corps de troupes, formés par Cyrus, n'avaient pas eu le temps de dégénérer de cette valeur qui avait subjugué l'Asie, et le détail des batailles de Salamine et de Platée ne prouvent que l'égalité de l'ignorance entre les deux nations rivales.

Quelle fut donc la cause de ces victoires ? — L'opiniâtreté du courage que la volonté de maintenir leur indépendance et l'amour de la patrie ajoutaient à la bravoure des Grecs, les vertus d'Aristide, le génie et la grandeur d'âme de Thémistocle. Il fallut que les chefs des Athéniens, préférant le salut de la Grèce aux intérêts de leurs ambitions ou de leur gloire, à la dignité même de leur patrie, désarmassent l'orgueilleuse jalousie des Spartiates.

C'est donc à l'énergie que donne l'amour de l'indépendance, c'est à la supériorité de la politique généreuse d'un peuple vraiment libre sur la politique personnelle d'un Sénat aristocratique que la Grèce dut ses triomphes et que nous lui devons nos lumières.

(Fragment de l'Histoire de la Grèce,
4e époque, VI, p. 471.)

VI

CONDORCET ÉCRIVANT
POUR SA FILLE
UNE PAGE DE CONSEILS PATERNELS
(MARS 1794)

Avis d'un proscrit à sa fille (1)

Mon enfant, si mes caresses, si mes soins ont pu, dans ta première enfance, te consoler quelquefois, si ton cœur en a gardé le souvenir, puissent ces conseils, dictés par ma tendresse, être reçus de toi avec une douce confiance, et contribuer à ton bonheur !

I

Dans quelque situation que tu sois, quand tu liras ces lignes — que je trace loin de toi, indifférent à ma destinée, mais occupé de la tienne et de celle de ta mère — songe que rien ne t'en garantit la durée.

Prends l'habitude du travail, non seulement pour te suffire à toi-même sans un secours étranger, mais pour que

(1) Une édition en a été faite, le 26 décembre 1812, dans le *Mercure de France.*

le travail puisse pourvoir à tes besoins et que tu puisses être réduite à la pauvreté sans l'être à la dépendance.

Quand même cette ressource ne te deviendrait jamais nécessaire, elle te servira du moins à te préserver de la crainte, à soutenir ton courage, à te faire envisager d'un œil plus ferme les revers de fortune qui pourraient te menacer.

Tu sentiras que tu peux absolument te passer de richesses. Tu les estimeras moins : tu seras plus à l'abri des malheurs auxquels on s'expose, pour en acquérir ou par la crainte de les perdre.

Choisis un genre de travail où la main ne soit pas occupée seule, où l'esprit s'exerce sans trop de fatigue, un travail qui dédommage de ce qu'il coûte, par le plaisir qu'il procure. Sans cela, le dégoût qu'il te causerait, si jamais il te devenait nécessaire, te le rendrait presque aussi insupportable que la dépendance. S'il ne t'en affranchissait que pour te livrer à l'ennui, peut-être n'aurais-tu pas le courage d'embrasser une ressource qui, pour prix de l'indépendance, ne t'offrirait que le malheur.

II

Pour les personnes dont le travail nécessaire ne remplit pas tous les moments et dont l'esprit a quelque activité, le besoin d'être réveillées par des sensations ou des idées nouvelles devient un des plus impérieux. Si tu ne peux exister seule, si tu as besoin des autres pour échapper à l'ennui, tu te trouveras nécessairement soumise à leurs goûts, à leurs volontés, au hasard qui peut éloigner de toi les moyens de remplir le vide de ton temps, puisqu'ils ne dépendent pas de toi-même.

Ils s'épuisent aisément, semblables aux joujoux de ton enfance, qui perdaient au bout de quelques jours le pouvoir de t'amuser. Bientôt, à force d'en changer et par l'habitude seule de les voir se succéder, on n'en trouve plus qui aient le charme de la nouveauté, et cette nouveauté même cesse d'être un plaisir.

Rien n'est donc plus nécessaire à ton bonheur que de t'assurer des moyens dépendant de toi seule, pour remplir le vide du temps, écarter l'ennui, calmer les inquiétudes, et distraire d'un sentiment pénible.

Ces moyens, l'exercice des arts, le travail de l'esprit peuvent seuls te les donner. Songe de bonne heure à en acquérir l'habitude. Si tu n'as point porté les arts à un certain degré de perfection, si ton esprit ne s'est point formé, étendu, fortifié par des études méthodiques, tu compterais en vain sur ces ressources : les fatigues, le dégoût de ta propre médiocrité l'emporteraient bientôt sur le plaisir.

Emploie donc une partie de ta jeunesse à t'assurer, pour ta vie entière, ce trésor précieux. La tendresse de ta mère, sa raison supérieure sauront t'en rendre l'acquisition plus facile. Aie le courage de surmonter les difficultés, les dégoûts momentanés, les petites répugnances qu'elle ne pourra t'éviter :

> Le bonheur est un bien que nous vend la nature :
> Il n'est point ici-bas de moisson sans culture.

Ne crois pas que le talent, que la facilité, ces dons de la nature (qui tiennent peut-être plus à notre organisation première qu'à notre éducation ou aux efforts de notre volonté) soient nécessaires pour arriver à ce moyen de bonheur.

Si ces dons te sont refusés, cherche dans des occupations moins brillantes un but d'utilité qui le relève à tes yeux, dont le charme t'en dérobe l'insipidité.

Si ta main ne peut reproduire sur la toile la beauté ni les passions, tu pourras du moins rendre des insectes ou des fleurs avec l'exactitude rigoureuse d'un naturaliste. Vers quelque objet que ton goût t'ait porté, s'il t'a trompé sur ton talent, tu trouveras une semblable ressource.

Mais, que la nature t'ait maltraitée ou qu'elle t'ait favorisée, n'oublie point que tu dois avoir pour but ce plaisir de l'occupation qui se renouvelle tous les jours, dont l'indépendance est le fruit, qui préserve de l'ennui, prévient ce dégoût vague de l'existence, cette humeur sans objet, ces « malheurs » d'une vie d'ailleurs paisible et fortunée. Je ne te dirai point d'éviter que l'amour-propre vienne y mêler ses plaisirs et ses chagrins. Mais qu'il n'y domine point : que ses jouissances ne soient pas à tes yeux le prix de tes efforts; que ses peines ne te dégoûtent point de les répéter; que les unes et les autres soient à tes yeux un tribut inévitable que la sagesse même doit payer à la faiblesse humaine (1).

(1) M. Robinet cite une recommandation très précise, que Condorcet avait écrite pour Mme Vernet, le matin même du jour où il avait résolu de quitter la rue Servandoni (25 mars 1794). En voici quelques lignes :

« Je recommande de lui parler souvent de nous ; d'entretenir le souvenir qu'elle en conserve ; de lui faire lire, quand il sera temps, nos instructions dans les originaux mêmes; qu'elle soit élevée dans l'amour de la liberté, de l'égalité, dans les mœurs et vertus républicaines ; qu'on éloigne d'elle tout sentiment e vengeance personnelle, qu'on lui apprenne à se défendre de ceux que sa sensibilité pourrait lui inspirer ; qu'on le lui demande en mon nom ; qu'on lui dise que je n'en ai jamais connu aucun... »

III

L'habitude des actions de bonté, celle des affections tendres est la source de bonheur la plus pure, la plus inépuisable. Elle produit un sentiment de paix, une sorte de volupté douce qui répand du charme sur toutes les occupations, et même sur la simple existence.

Prends de bonne heure l'habitude de la bienfaisance, mais d'une bienfaisance éclairée par la raison, dirigée par la justice. Ne donne point |pour te délivrer du spectacle de la misère ou de la douleur, mais pour te consoler par le plaisir de les avoir soulagées.

Ne te borne pas à donner de l'argent. Sache aussi donner tes soins, ton temps, tes lumières et tes affections consolatrices, souvent plus précieuses que des secours ; alors ta bienfaisance ne sera plus bornée par ta fortune : elle en deviendra indépendante, elle sera pour toi une occupation, comme une jouissance.

Apprends surtout à l'exercer avec cette délicatesse, avec ce respect pour le malheur qui double le bonheur et ennoblit le bienfaiteur à ses propres yeux. N'oublie jamais que celui qui reçoit est, par la nature, l'égal de celui qui donne ; que tout secours qui entraîne de la dépendance n'est plus un don, mais un marché, et que, s'il humilie, il devient une offense.

Jouis des sentiments des personnes que tu aimeras, mais surtout jouis des tiens. Occupe-toi de leur bonheur, et le tien en sera la récompense. Cette espèce d'oubli de soi-même dans toutes les affections tendres en augmente la douceur et diminue les peines de la sensibilité. Si on y mêle de la « personnalité », on est trop souvent mécontent des autres. L'âme se dessèche, se flétrit, s'aigrit même. On perd le plaisir d'aimer ; celui d'être aimé est corrompu par l'inquiétude, par les douleurs secrètes que trop de facilité à se blesser reproduit sans cesse.

Ne te borne point à ces sentiments profonds qui pourront t'attacher à un petit nombre d'individus. Laisse germer dans ton cœur de douces affections pour les personnes que les événements, les habitudes de la vie, tes goûts, tes occupations rapprocheront de toi.

Que celles qui t'auront engagé leurs services ou que tu emploieras aient part à ces sentiments de préférence, qui tiennent le milieu entre l'amitié et cette simple bienveillance par laquelle la nature nous a liés à tous les êtres de notre espèce.

Ces sentiments délassent et calment l'âme, que des affections trop vives fatiguent et troublent quelquefois. En défendant d'affections trop exclusives, ils préservent des fautes et des maux où leur excès pourrait exposer. Le sort peut nous ravir nos amis, nos parents, ce que nous avons de plus cher. Nous pouvons être condamnés à leur survivre, à gémir de leur indifférence ou de leur injustice. Nous ne pouvons les remplacer par d'autres objets. Notre âme même s'y refuse : alors les sentiments, en quelque sorte secondaires, n'en remplissent pas le vide, mais empêchent d'en sentir toute l'horreur ; ils ne dédommagent pas. Ils ne consolent même pas, mais ils émoussent la pointe de la douleur, ils adoucissent les regrets : ils aident le temps à les changer en cette tristesse habituelle et paisible qui devient presque un plaisir pour les âmes devenues inaccessibles à ceux de sentiments plus heureux.

Cette douce sensibilité, qui peut être une ressource de bonheur, a pour origine première ce sentiment naturel qui nous fait partager la douleur de tout être sensible. Conserve donc ce sentiment dans toute sa pureté, dans toute sa force. Qu'il ne se borne point aux souffrances des hommes : que ton humanité s'étende même sur les animaux. Ne rends point malheureux ceux qui t'appartiendront; ne dédaigne point de t'occuper de leur bien-être; ne sois pas insensible à leur naïve et sincère reconnaissance. Ne cause à aucun des douleurs inutiles : c'est une véritable injustice, c'est un outrage à la nature, dont elle nous punit par la dureté de cœur, que l'habitude de cette cruauté ne peut manquer de produire. Le défaut de prévoyance dans les animaux est la seule excuse de cette loi barbare, qui les condamne à se servir mutuellement de nourriture. Interprètes fidèles de la nature, n'allons pas au delà de ce que cette excuse peut nous permettre.

Je ne te donnerai point l'inutile précepte d'éviter la passion, de te défier d'une sensibilité trop vive. Mais je te dirai d'être sincère avec toi-même, de ne point t'exagérer ta sensibilité soit par vanité, soit pour flatter ton imagination, soit pour allumer celle d'un autre.

Crains le faux enthousiasme des passions. Celui-là ne dédommage jamais ni de leurs dangers, ni de leurs malheurs. On peut n'être pas maître de ne pas écouter son cœur, mais on l'est toujours de ne pas l'exciter. Et c'est le seul conseil utile et praticable que la raison puisse donner à la sensibilité.

IV

Mon enfant, un des plus sûrs moyens de bonheur est d'avoir su conserver l'estime de soi-même, de pouvoir regarder sa vie entière sans honte et sans remords, sans y voir une action vile, ni un tort ou un mal fait à autrui et qu'on n'ait pas réparé.

Rappelle-toi les impressions pénibles que des torts légers, que de petites fautes t'ont fait éprouver. Et juge par là des sentiments douloureux qui suivent des torts plus graves, des fautes vraiment honteuses.

Conserve soigneusement cette estime précieuse, sans laquelle tu ne saurais entendre raconter les mauvaises actions sans rougir, les actions vertueuses sans te sentir humiliée.

Alors un sentiment doux et pur s'étend sur toute l'existence. Il répand un charme consolateur sur ces moments où l'âme, qu'aucune impression vive ne remplit, qu'aucune idée n'occupe, s'abandonne à une molle rêverie et laisse les souvenirs du passé errer paisiblement devant elle.

Qu'alors, au milieu de tes peines, tu les sentes s'adoucir par la mémoire d'une action généreuse, par l'image des malheureux dont tu auras essuyé les larmes.

Mais ne laisse point souiller ce sentiment par l'orgueil. Jouis de ta vie sans la comparer à celle d'autrui : sache que tu es bonne, sans examiner si les autres le sont autant que toi. Tu achèterais trop cher ces tristes plaisirs de la vanité : ils flétriraient ces plaisirs plus purs dont la nature a fait la récompense des bonnes actions.

Si tu n'as point de reproches à te faire, tu pourras être

sincère avec les autres comme avec toi-même. N'ayant rien à cacher, tu ne craindras point d'être forcée tantôt d'employer la ressource humiliante du mensonge, tantôt d'affecter, dans d'hypocrites discours, des sentiments et des principes qui condamnent ta propre conduite.

Tu ne connaîtras point cette impression habituelle d'une crainte honteuse, supplice des cœurs corrompus. Tu jouiras de cette noble sécurité, de ce sentiment de ta propre dignité, partage des âmes qui peuvent avouer tous leurs mouvements comme toutes leurs actions.

Mais, si tu n'as pu éviter les reproches de ta conscience, ne t'abandonne pas au découragement : songe aux moyens de réparer ou d'expier tes fautes. Fais que le souvenir ne puisse s'en présenter à toi qu'avec celui des actions qui les compensent, et qui en ont obtenu le pardon au jugement sévère de ta conscience.

Ne prends point l'habitude de la dissimulation ; aie plutôt le courage d'avouer tes torts. Le sentiment de ce courage te soutiendra au milieu de tes regrets ou de tes remords. Tu n'y ajouteras point le sentiment si pénible de ta propre fai-blesse et l'humiliation qui poursuit le mensonge.

Les mauvaises actions sont moins fatales par elles-mêmes au bonheur et à la vertu que par les vices dont elles font contracter l'habitude aux âmes faibles et corrompues.

Les remords dans une âme forte, franche et sensible, inspirent les bonnes actions, les habitudes vertueuses qui doivent en adoucir l'amertume. Alors ils ne se réveillent qu'entourés des consolations qui en émoussent la pointe, si l'on fait de son repentir comme de ses vertus.

Sans doute les plaisirs d'une âme régénérée sont moins purs, sont moins doux que ceux de l'innocence. Mais c'est alors le seul bonheur que nous puissions encore trouver dans notre conscience, et presque le seul auquel la faiblesse de notre nature, et surtout les vices de nos institutions nous permettent d'atteindre :

Hélas ! Tous les humains ont besoin de clémence !

V

Si tu veux que la société répande sur ton âme plus de plaisirs ou de consolations que de chagrins ou d'amertumes, sois indulgente ! Et préserve-toi de la « personnalité », comme d'un poison qui en corrompt toutes les douceurs.

L'indulgence n'est pas cette facilité qui, née de l'indifférence ou de l'étourderie, ne pardonne tout que parce qu'elle n'aperçoit ou ne sent rien. J'entends cette indulgence fondée sur la justice, sur la raison, sur la connaissance de sa propre faiblesse, sur cette disposition heureuse qui porte à plaindre les hommes plutôt qu'à les condamner.

Par là, tu sauras faire servir à ton bonheur cette foule d'êtres bons, mais faibles, sans défauts rebutants, mais sans qualités brillantes qui peuvent distraire, si elles ne peuvent occuper, qu'on rencontre avec plaisir et qu'on quitte sans peine, que l'on ne compte point dans l'ensemble de sa vie, mais qui peuvent en remplir quelques vides, en abréger quelques moments.

Par là, tu verras encore ces êtres, supérieurs par leurs talents et par leur âme, se rapprocher de toi avec plus de confiance.

Plus ils sont en droit de croire qu'ils peuvent se passer d'indulgence, plus ils en éprouvent le besoin. Accoutumés à se juger avec sévérité, la douceur d'autrui les attire. Et ils pardonnent d'autant moins le défaut d'indulgence, qu'indulgents eux-mêmes, ils sont portés à voir dans le caractère opposé plus d'esprit que de délicatesse, plus de prétention que de supériorité réelle, plus de dureté que de véritable vertu.

Tes devoirs, tes intérêts les plus importants, tes instants les plus chers ne te permettront pas toujours de n'avoir pour société habituelle que ceux avec qui tu auras choisi de vivre. Alors, ce qui ne t'aurait rien coûté si, plus raisonnable et plus juste, tu avais pris l'éternelle habitude de l'indulgence, exigera de toi des sacrifices journaliers et pénibles. Ce qui, avec cette habitude, n'eût été qu'une légère contrainte deviendrait, sans elle, un véritable malheur.

L'indulgence est également utile, et quand les autres ont besoin de nous, et quand nous-mêmes nous avons besoin d'eux. Elle rend plus facile et plus doux le bien que nous pouvons leur faire. Elle rend moins difficile à recevoir celui que nous pouvons en attendre. Mais veux-tu prendre l'habitude de l'indulgence ? Avant de juger un autre avec sévérité, avant de t'irriter contre ses défauts, de te révolter contre ce qu'il vient de dire ou de faire, consulte la justice ! Ne crains point de faire un retour sur tes propres fautes. Interroge ta raison ; écoute surtout la bonté naturelle, que tu trouveras sans doute dans ton cœur, car, si tu ne l'y trouves pas, tous ces conseils seront inutiles : mon expérience et ma tendresse ne pourraient rien pour ton bonheur.

La personnalité dont je voudrais te préserver n'est pas cette disposition constante à nous occuper sans distrac-

tion, sans relâche, de nos intérêts personnels, à leur sacrifier les intérêts, les droits, le bonheur des autres. Cet égoïsme
est incompatible avec toute espèce de vertu et même de
sentiment honnête. Je serais trop malheureux, si je pouvais
croire avoir besoin de t'en préserver.

Je parle de cette personnalité qui, dans les détails de la
vie, nous fait tout rapporter aux intérêts de notre santé,
de notre commodité, de nos goûts, de notre bien-être; qui
nous tient en quelque sorte toujours en présence de nous-
mêmes; qui se nourrit de petits sacrifices qu'elle impose
aux autres sans en sentir l'injustice et presque sans le
savoir; qui trouve naturel et juste tout ce qui lui convient, injuste et bizarre tout ce qui la blesse; qui crie au
caprice et à la tyrannie si un autre, en la ménageant,
s'occupe un peu de lui-même.

Ce défaut éloigne la bienveillance, afflige et refroidit
l'amitié. On est mécontent des autres, dont jamais l'abné-
gation d'eux-mêmes ne peut être assez complète. On est
mécontent de soi, parce qu'une humeur vague et sans objet
devient un sentiment constant et pénible, dont on n'a plus
la force de se délivrer.

Si tu veux éviter ce malheur, fais que le sentiment de
l'égalité et de la justice deviennent une habitude de ton
âme. N'attends, n'exige jamais des autres qu'un peu au-dessous de ce que tu ferais pour eux. Si tu leur fais des
sacrifices, apprécie-les d'après ce qu'ils te coûtent réellement et non d'après l'idée que ce sont des sacrifices.
Cherches-en le dédommagement dans ta raison, qui t'en
assure la réciprocité, dans ton cœur, qui te dira que même
tu n'en aurais pas besoin.

Tu trouveras alors que, dans ces détails de la société, il

est plus doux, plus commode, si j'ose le dire, de vivre pour autrui, et que c'est alors seulement que l'on vit véritablement pour soi-même.

(I. p. 611-623.)

TABLE DES MATIÈRES

Fontenay-aux-Roses. — *Imprimerie des Presses Universitaires de France.*
Louis Bellenand. — 1929. — 1.223